RICHARD ROHR

Stille und Mitgefühl

RICHARD ROHR

Stille und Mitgefühl

Gott und den Menschen finden

Aus dem Amerikanischen
von Ulrike Strerath-Bolz

HERDER
FREIBURG · BASEL · WIEN

Als deutsche Bibelübersetzung ist zugrunde gelegt:
Die Bibel. Die Heilige Schrift
des Alten und Neuen Bundes
Vollständige deutschsprachige Ausgabe
© Verlag Herder GmbH,
Freiburg im Breisgau 2005

DIE BIBEL

MIX
Papier aus verantwortungsvollen Quellen
FSC® C083411
FSC
www.fsc.org

Titel der amerikanischen Originalausgabe
Silent Compassion. Finding God in Contemplation

Veröffentlicht von Franciscan Media, Cincinnati 2014

Für die deutschsprachige Ausgabe

www.herder.de

Satz: post scriptum, Emmendingen / Hinterzarten
Herstellung: CPI books GmbH, Leck

Auch als E-Book erhältlich

Printed in Germany
ISBN 978-3-451-31280-9

Inhalt

Vorwort

Unterschiedliche Glaubensrichtungen auf der Suche nach wahrer Harmonie

Mitte Mai 2013 stand in Louisville, Kentucky, eine Gruppe ganz unterschiedlicher religiöser Führungspersönlichkeiten vor einer ansehnlichen Menschenmenge im Kongresszentrum der Stadt. Die Versammlung markierte einen besonderen Tag am Ende des regelmäßig stattfindenden *Festival of Faiths* der Stadt Louisville. Bei diesem »Fest der Religionen« findet eine ganze Reihe von öffentlichen Veranstaltungen statt, um den interreligiösen Dialog zu fördern und eine Gesellschaft aufzubauen, die von Einigkeit und Respekt geprägt ist.

Muslime nahmen daran teil, Hindus, Juden, Christen und Buddhisten. Richard Rohr O.F.M., Katholik, Priester und Angehöriger des Franziskanerordens, war einer der Repräsentanten des Christentums. Der Buddhismus wurde von seinem berühmtesten Wortführer vertreten, seiner Heiligkeit dem Dalai Lama.

Irgendwie war es ganz passend, dass diese beiden Männer gemeinsam in Louisville auf der Bühne standen. Ein weiterer katholischer Priester, der verstorbene Trappistenmönch Thomas Merton, war fünfzig Jahre zuvor vom nahegelegenen Gethsemani in Kentucky um die halbe Welt bis nach Südostasien gereist, um an einem solchen interreligiösen Treffen teilzunehmen. Tage vor seinem tragischen Unfalltod hatte man ihn beobachtet, wie er mit dem Dalai Lama spazieren ging, tief ins Gespräch versunken. Damals war der Dalai Lama ein junger Mann und stand noch ganz am Anfang seiner Laufbahn.

Und nun, nach so vielen Jahren, war seine Heiligkeit der Dalai Lama nach Louisville gekommen. Das *Festival of Faiths* war eine Station auf einer Weltreise, bei der es nicht nur darum ging, um Unterstützung für das unterdrückte tibetische Volk zu werben, sondern auch darum, seine eigene Botschaft zu verbreiten: Frieden, Mystik und eine Mischung aus Aktion und Kontemplation auf der Grundlage jener uralten Tradition, die sein Leben prägt.

Pater Rohr – Richard Rohr, wie ihn Tausende von Menschen nennen, die in seinen zahlreichen Vorträgen, Büchern und Internetauftritten Rat und Begleitung suchen – hat sein Leben dem gleichen Ziel gewidmet, wenn auch ausgehend von einer anderen alten Tradition. Mitte der Achtzigerjahre gründete er das *Center for Action and Contemplation* in Albuquerque, New Mexico: eine Art Labor, in dem Tausende von sozial engagierten Christen gelernt haben, dass soziales Engagement durch die Praxis der Kontemplation weiser, reiner und besser werden kann.

Seine Worte passten gut in den Kontext einer interreligiösen Begegnung, denn Richard Rohr ist seit jeher in der Lage, über das Hier und Jetzt hinauszublicken und die Mauern zu überwinden, die gesellschaftliche Gruppen so oft um sich herum errichten.

Natürlich bewegt sich Richard in der Spur seines eigenen »Vater Franziskus«, den die Welt als Franz von Assisi kennt. Franziskus durchstreifte zu Beginn des 13. Jahrhunderts die Berge und Täler Mittelitaliens und wanderte von einer Stadt zur anderen, manchmal predigend, manchmal, indem er die Menschen durch sein Beispiel anleitete, und dies in einer Kultur, die seinesgleichen noch nicht erlebt hatte. Er war offen für die Spuren Gottes in der gesamten Schöpfung (auf vielen Vogeltränken ist eine Franziskusfigur zu sehen): in Erde, Bäumen, Blumen und Tieren wie auch in jedem einzelnen Menschen. Er ist vielleicht der berühmteste Friedensstifter der ganzen Welt und reiste sogar mit den Kreuzrittern nach Ägypten, um Christen und Muslime gleichermaßen zum Frieden aufzurufen. Seine Friedensbotschaft klingt bis heute nach.

In den wenigen, aber sehr intensiven Tagen im Frühjahr 2013 in Louisville versammelten sich Vertreter der großen Weltreligionen, um sich ihrer gemeinsamen Sehnsucht nach Frieden zu vergewissern und sie auf die Probe zu stellen. Wie können wir in wirklicher Harmonie leben? Wie können wir voneinander lernen? Welche allgemeingültige Weisheit liegt in den verschiedenen religiösen Traditionen?

Nur ein paar Straßen vom Kongresszentrum in Louisville entfernt, an der Ecke Fourth und Walnut Boulevard (heute Muhammad Ali Boulevard) erinnert eine Bronzetafel an den Wendepunkt im Leben Thomas Mertons, den er in seinem Buch *Conjectures of a Guilty Bystander* beschreibt. Im Jahr 1958 wurde Pater Merton an dieser Straßenecke die mystische Erkenntnis geschenkt, dass die Menschheit eine Einheit bildet. Während er auf die betriebsame Menge im Geschäftszentrum von Louisville blickte, begriff er, dass das Geheimnis Gottes uns zu jeder Zeit umgibt. »Plötzlich überwältigte mich die Erkenntnis, dass ich alle diese Menschen liebte, dass sie zu mir gehörten und ich zu ihnen, dass wir einander nicht fremd sein konnten, selbst wenn wir uns überhaupt nicht kannten … Aber wie soll man den Menschen sagen, dass sie durch die Welt gehen und dabei leuchten wie die Sonne?«

Das »Festival der Religionen« in Louisville ist eine Frucht dieses Geistes: der Erkenntnis, dass wir alle zusammengehören. Richard Rohr hilft uns, das zu verstehen.

John Feister,
Leitender Herausgeber der Zeitschrift
St. Anthony Messenger

Einleitung

Die ewige Weisheitstradition

Die »ewige Philosophie« oder »ewige Weisheitstradition« ist ein Begriff, der in der westlichen Geschichte und Religionsgeschichte irgendwann in Mode kam und ebenso auch wieder in Vergessenheit geriet. Von der weltweiten Kirche jedoch ist dieser Begriff nie aufgegeben worden. In vielerlei Weise wurde er durch das Zweite Vatikanische Konzil eher noch bekräftigt, vor allem in den weitsichtigen Dokumenten zur Ökumene *(Unitatis Redintegratio)* und zu den nicht-christlichen Religionen *(Nostra Aetate).* Tatsächlich betont dieser Begriff den Umstand, dass es in allen Weltreligionen einige durchgehende Themen, Wahrheiten und Wiederholungen gibt.

Nostra Aetate beginnt beispielsweise mit der Aussage der Konzilsväter: »Alle Völker sind ja eine einzige Gemeinschaft, sie haben denselben Ursprung, da Gott das ganze Menschengeschlecht auf dem gesamten Erdkreis wohnen ließ … auch haben sie Gott als ein und dasselbe letzte Ziel … Die katholische Kirche lehnt nichts von alledem ab, was in diesen Religionen wahr und heilig ist.«[1] Das Dokument fährt fort mit einer Anerkennung von Naturreligionen, Hinduismus, Judentum, Buddhismus und Islam, die allesamt »einen Strahl jener Wahrheit erkennen lassen, die alle Menschen erleuchtet«.[2] Man muss sich einmal klar machen, wie viel Mut und Klugheit nötig waren, um etwas Derartiges im Jahr 1965 zu formulieren, zu einer Zeit, als nur wenige Menschen so dachten, übrigens in allen Religionen. Tatsächlich denken die meisten bis heute nicht so.

Eine frühe Ausnahme war der große Kirchenlehrer Augustinus (354–430), der den Mut aufbrachte, Folgendes zu schreiben: »Was wir heute Christentum nennen, fehlte unseren Vorfahren nicht, von den Anfängen der Menschheit bis zu der Zeit, da Christus im Fleisch erschien. Danach wurde die wahre Religion, die immer schon existiert hatte, Christentum genannt.«[3] Die Heiligen Clemens von Alexandria, Origenes, Basilius, Gregor von Nyssa und Leo der Große teilten diese Anschauung – erst später kamen die defensiven (und aggressiven!) Denkweisen des Antisemitismus und der Kreuzzugsideologie auf. In einigen entscheidenden Bereichen haben wir uns in der Religionsgeschichte rückwärts bewegt, wo wir die Räder des spirituellen Bewusstseins hätten schmieren sollen, um vorwärtszukommen.

In zutreffender Weise wird der Begriff in dem Konzilsdokument über die Ausbildung der Priester *(Optatam Totius)* gebraucht, wo es heißt, im Priesterseminar solle man sich »auf das stets gültige philosophische Erbe stützen«. Das Dokument ermutigt zum Studium der gesamten Philosophiegeschichte wie auch des Fortschritts »der modernen Naturwissenschaften«.[4] Die Verfasser dachten dabei wohl hauptsächlich an die Philosophie der Scholastik, aber so wie wir heute den Begriff verwenden, ist ohnehin eher eine theologische als eine philosophische Aussage gemeint. Denselben Ansatz verfolgt auch Aldous Huxley, der deshalb gleichzeitig von Metaphysik, Psychologie und Ethik spricht: »1) die Metaphysik, die eine innewohnende faktische göttliche Wahrheit in der Welt der Dinge, der Lebewesen und des Geistes erkennt; 2) die Psychologie, die in der Seele etwas findet, was der göttlichen Wahrheit ähnlich oder sogar gleich ist; 3) die Ethik, die das letzte Ziel des Menschen im Wissen um den immanenten und transzendenten Urgrund allen Seins sieht. Sie sind unvorstellbar alt und universell gültig. Bruchstücke der ewigen Philosophie finden sich in den Traditionen der Urvölker in allen Teilen der Welt, und in ihren voll entwickelten Formen hat sie ihren Platz in allen höheren Religionen.«[5]

Die Trennungen, Spaltungen und Dualismen der Welt können nur durch ein alle Ebenen durchdringendes einigendes Bewusstsein überwunden werden: auf der Ebene der Personen und Beziehungen, auf gesellschaftlicher, politischer und kultureller Ebene, im interreligiösen Dialog und vor allem auf der Ebene der Spiritualität. Dies ist die spezielle, zentrale Aufgabe jeder gesunden Religion – *re-ligio* bedeutet »Rück-Bindung«.

Wie es Jesus in seinem letzten großen Gebet formuliert hat: »Alle sollen eins sein« (Johannes 17,21). Oder wie es meine christliche Lieblingsmystikerin Lady Juliana von Norwich (1342–1416) gesagt hat: »Aus mir selbst heraus bin ich nichts, aber mit Blick aufs Allgemeine BIN ICH in der Einheit der Liebe. Denn in dieser Einheit existiert das Leben aller Menschen.«[6]

Viele Lehrer haben die wichtige und doch so oft übersehene Botschaft vertreten, dass *Einheit* nicht mit *Einheitlichkeit* verwechselt werden darf. Einheit ist die Versöhnung der Verschiedenheit, und diese Verschiedenheit muss erhalten bleiben – und dabei dennoch überwunden werden. Bevor wir Dinge spirituell vereinen können, müssen wir sie zunächst unterscheiden und voneinander trennen, in der Regel auf unsere eigenen Kosten (vgl. Epheser 2,14 ff.). Wenn wir diese einfache Klärung nur immer vollzogen hätten, wäre es möglich gewesen, viele Probleme – und die Überbewertung getrennter Identitäten – auf eine viel höhere Ebene der Liebe und des Dienens zu bewegen.

Schon Paulus hat dieses universelle Prinzip in mehreren Briefen ganz klar zum Ausdruck gebracht. Er sagt beispielsweise: »Es gibt verschiedene Gnadengaben, aber es ist derselbe Geist. Es gibt verschiedene Dienste, aber es ist derselbe Herr. Es gibt verschiedene Kräfte, aber es ist derselbe Gott, der alles in allen wirkt« (1 Korinther 12,4ff.). In seiner Gemeinde in Ephesus hieß es: »Ein Herr, ein Glaube, eine Taufe, ein Gott und Vater aller Dinge, der über alle und durch alles und in allem ist. Einem jeden von uns aber wurde die Gnade verliehen nach dem Maß, wie Christus sie ihm geschenkt hat« (Epheser 4,5ff.).

Und schließlich müssen wir zur letztgültigen christlichen Quelle unseres Prinzips zurückgehen: der Trinitätslehre. Ja, Gott ist einer, das haben uns unsere jüdischen Vorväter ganz richtig gelehrt (vgl. Deuteronomium 6,4). Aber wenn wir weiterdenken, stellen wir fest, dass dieses Einssein tatsächlich in der radikalen liebenden Vereinigung zwischen den drei vollkommen unterschiedlichen Personen der Dreieinigkeit besteht. Das Grundprinzip und Problem der Einheit und der Vielheit wird in Gottes eigener Natur überwunden. Gott ist ein Mysterium der *Beziehung*, und die wahrhaftigste Beziehung ist die Liebe. Die drei sind nicht gleich, sondern ganz unterschiedlich, und doch sind sie vereint in einem vollkommenen Verströmen!

Mehr noch: Unser Wort Person, mit dem wir heute ein individuelles menschliches Wesen bezeichnen, wurde ursprünglich im Rahmen der in griechischer Sprache formulierten trinitarischen Theologie verwendet – *persona* bedeutet »Bühnenmaske« oder »durchtönender Klang« – und erst später auf uns Menschen angewendet! Wir sind also keine autonomen Wesen, sondern ein durchtönender Klang: getrennt und doch eins, wie Vater, Sohn und Heiliger Geist. Jahrelang könnte man darüber meditieren. Wir sind wirklich als Gottes »Bild, ihm ähnlich« (Genesis 1,26 ff.) erschaffen, viel mehr, als wir es uns jemals vorstellen könnten. Die Dreieinigkeit ist unser universelles Muster für die Natur der Wirklichkeit und für unser eigenes Eins-Werden!

Wie es die liebe Juliana sagt: »Die Liebe Gottes erschafft in uns eine solche Einung, dass, wenn sie wirklich erkannt wird, niemand sich mehr von einem anderen Menschen trennen kann.«[7] Und weiter: »Im Angesicht Gottes sind alle Menschen eins. Jeder Mensch ist alle Menschen, und alle Menschen sind in einem einzigen Menschen.«[8]

Dies sind keine Modeerscheinungen des 21. Jahrhunderts, kein Pantheismus und kein bloßer New-Age-Optimismus. Dies ist die ganze Wirklichkeit, formuliert, um tatsächlich ein neues Zeitalter einzuleiten – und sie wird und kann es tun. Dies ist die ewige Tradition. Unsere Aufgabe besteht nicht darin, sie zu entdecken; wir sollen lediglich wieder neu entdecken, was die Mystiker und Heiligen aller Religionen geschaut und genossen haben.

Wie es schon Johannes formulierte, der Jünger, den Jesus lieb hatte: »Ich schreibe euch nicht, dass ihr die Wahrheit nicht wisst, sondern dass ihr sie wisst« (1 Johannes 2,21).

Erstes Kapitel

Gott in der Tiefe des Schweigens finden

Menschen, die sich für Frieden und Gerechtigkeit interessieren, erkennen, auf welchen tiefen Stand Kommunikation, Wortwahl und Gesprächskultur in unserer heutigen Gesellschaft gesunken sind. In politischer Hinsicht ist uns das klar, denke ich, und auch in Bezug auf unsere Kirchen. Es scheint, als gäbe es nur einen Ausweg: die Wiederentdeckung der wunderbaren, scheinbar so harmlosen Sache, die wir Schweigen nennen.

Wie macht man Werbung für etwas, was seiner inneren Natur nach nicht zu vermarkten ist? Wie verkauft man das Schweigen? Wie macht man Menschen etwas schmackhaft, das sich anfühlt, als würden wir Luft verkaufen oder Leere – jedenfalls etwas, was zumindest einem kapitalistischen Denken als wenig attraktiv erscheint? Wir wollen es trotzdem versuchen.

Schweigen ist nicht nur einfach das, was die Worte umgibt und unter allen Dingen und Ereignissen liegt. Es besitzt ein Eigenleben, eine geradezu körperliche Identität. Es ist ein Lebewesen, mit dem wir in Beziehung treten können. Philosophisch könnten wir sagen: *Sein* ist eine grundlegende Eigenschaft, die allen anderen Attributen vorausgeht. Wenn wir in Beziehung zum nackten Sein einer Sache treten, lernen wir sie in ihrem tiefsten Kern kennen. Und das Schweigen liegt in irgendeiner Weise aller Wirklichkeit zugrunde. Aus ihm entsteht alles Sein, und zu ihm kehrt alles zurück. (Wenn das Wort »Schweigen« Ihnen nichts sagt, ersetzen Sie es durch Begriffe wie Nichts, Leere, Weite, Formlosigkeit, offener Raum oder was auch immer.)

Wir wissen, dass alle Dinge aus dem Nichts erschaffen sind, dass nach Gottes Plan alles, was existiert, aus dem Nichts entsteht. Erst wenn wir im Nichts Ruhe finden, können wir das Etwas wertschätzen. Und wenn etwas aus dem Nichts entsteht, sprechen wir von Gnade!

Ein solches Schweigen wird in den ersten beiden Versen des Buches Genesis dargestellt. Die erste Realität wird als »wüst und leer« beschrieben, und der Geist schwebt über dieser schweigenden Leere. Der Geist ist still, aber machtvoll. Und das Zusammentreffen des großen Schweigens auf beiden Seiten ist der Anfang unserer Schöpfung, jedenfalls nach Aussage der jüdisch-christlichen Schöpfungsgeschichte.

Das Schweigen geht allem voraus, unterfüttert und gründet alles, was ist. Wir können es nicht als Zufall oder als etwas Unnötiges betrachten. Aber wenn wir nicht lernen, darin zu leben, uns zu bewegen, in diesem fremden Phänomen zu verharren, werden alle anderen Dinge – Worte, Ereignisse, Beziehungen, Identitäten – sehr oberflächlich und ohne Tiefe und Kontext sein. Sie verlieren ihre Bedeutung, und dann geschieht es, dass wir ständig nach einem Leben mit noch mehr Ereignissen suchen, mit Situationen, die noch mehr Stimulation bringen, noch mehr Aufregung und Farbe, noch mehr »Lebenszeichen« in unserer ihrem Wesen nach so gelangweilten und langweiligen Existenz. Ironischerweise haben gerade die ganz einfachen, schmucklosen Dinge die Macht, uns das größte Glück zu schenken – *wenn* wir sie so respektieren, wie sie sind. Und das Schweigen ist die Essenz des Einfachen und Schmucklosen.

Leider ist aber, wenn wir ehrlich sind, das Bedürfnis nach Stimulation ein wesentliches Merkmal Amerikas und der meisten westlichen Industrienationen. Es gibt entsetzlich viele Zeichen des kulturellen Niedergangs um uns herum. Alles muss immer noch ein bisschen lauter, heller, neuer, teurer sein. Es muss mehr Klasse haben – und vor allem muss es schneller sein. Dann interessiert es die Amerikaner. Sie interessieren sich nicht für etwas, weil es da ist, sondern weil es modern ist. Und daran haben wir uns gewöhnt. Wir akzeptieren als die Norm, was schon die römischen Kaiser als Zeichen des Niedergangs erkannt haben: »Das

Volk braucht und wünscht sich nichts als Brot und Spiele«, haben sie gesagt. Und wir schließen Schulen und bauen Sportstadien, die aussehen wie Kathedralen.

Eine meiner wichtigsten Erfahrungen war das Unterrichten in vielen Entwicklungsländern, wo ich mit der Erkenntnis konfrontiert wurde, dass die Mehrheit der Menschen nicht so lebt wie wir. Aber das Traurige ist: Sie würden es gern tun!

Wir dürfen uns nicht als Norm oder erstrebenswertes Ziel verstehen. Unsere Gesellschaft ist nicht unbedingt gesund, und wir leben nicht unbedingt in der besten oder größten aller Kulturen, so sehr wir Amerikaner auch daran gewöhnt sind, das zu glauben. Allerdings fällt es nur dann leicht, so zu denken, wenn man Amerika nie verlassen hat. Unsere Gesellschaft hat ihre wunderbaren, aber eben auch sehr ungesunden Seiten. Und eine der ungesunden Seiten besteht darin, dass wir das Schweigen nicht als attraktiv, nützlich, notwendig, wichtig oder auch nur als gut betrachten. Und so werden wir mit der Zeit zu einer Hülle mit immer weniger Inhalt oder Tiefe – doch in der Tiefe liegt alle Lebenskraft verborgen.

Wir müssen versuchen, das Schweigen als lebendiges Sein zu sehen, als ein urtümliches, ursprüngliches Sein. Dann können wir alle anderen Dinge in der Tiefe erfahren, und wir können erkennen, dass sie im Gefäß des Schweigens ihren Platz haben. Schweigen ist nicht die Abwesenheit von etwas, sondern tatsächlich eine Anwesenheit. Das Schweigen umgibt jedes Ereignis, das wir zu kennen glauben, mit einem demütigen und geduldigen »Ich weiß es nicht«. Es schützt die Autonomie und Würde von Ereignissen, Personen, Tieren und allen Dingen.

Wir müssen eine Möglichkeit finden, an den Ort des inneren Schweigens zurückzukehren, dort zu leben und auszuharren. Äußeres Schweigen bedeutet wenig, wo es kein tieferes inneres Schweigen gibt. Alles andere wird viel klarer, wenn es aus dem Schweigen aufsteigt. Und wenn ich vom Aufsteigen spreche, dann meine ich damit, dass es real wird, dass es Substanz, Bedeutung und Sinn annimmt. Ohne das geheimnisvolle Schweigen rundum hat nichts eine Bedeutung, jedenfalls keine dauerhafte. Ohne das Schweigen ist es nur ein Ereignis in einer immer schnelleren Abfolge von Ereignissen, die wir »unser Leben« nennen.

Ohne das Schweigen machen wir keine echten Erfahrungen. Wir erleben so viel, aber unsere Erlebnisse haben nicht die Macht, uns zu verändern, uns aufzuwecken, uns die »Freude zu geben, die die Welt nicht geben kann«, wie Jesus sagt.

Wenn wir in dem urtümlichen, grundlegenden Sein leben, das ich Schweigen nenne, entsteht eine Art mitfühlender Resonanz mit dem, was um uns herum existiert. Sonst reagieren wir nur, statt zu antworten, wie mexikanische Springbohnen. Ohne ein gewisses Maß an Schweigen leben wir nicht, schmecken wir nicht, können nicht genießen oder wertschätzen, entwickeln wir kein Gefühl für den Augenblick. *Das Gegenteil von Kontemplation ist nicht Aktion, sondern Reaktion.* Reine Aktion entsteht immer aus dem kontemplativen Schweigen.

Schweigen ist nicht die Abwesenheit von Sein, sondern vielmehr ein ganz eigenes Sein. Es ist nichts Fernes, Verschleiertes oder Verborgenes, das nur den Asketen zugänglich ist. Viel wahrscheinlicher ist es, dass Sie tiefes Schweigen bereits erlebt haben und dass Sie es jetzt nähren und freisetzen müssen, damit es in Ihnen hell werden kann. Sie hören das Schweigen nicht, sondern das Schweigen ermöglicht Ihnen erst das Hören! Sie können das Schweigen nicht ergreifen. Es ergreift Sie!

Schweigen ist eine Art Denken, ohne zu denken. Es ist ein »sehendes« Denken – *contemplare* heißt auch »sehen«. Das Schweigen ist also ein alternatives Bewusstsein. Es ist eine Form von Intelligenz, von Wissen jenseits der körperlichen Reaktion, die wir normalerweise als Emotion bezeichnen. Und es ist eine Form von Wissen jenseits der mentalen Analyse, die wir normalerweise als Denken bezeichnen.

Seit wir sieben Jahre alt sind, haben die weitaus meisten von uns Körper und Seele vom Geist getrennt, und seitdem glauben wir eigentlich nur noch unserem Geist, abgetrennt von unserem Körper und unserer Seele, die beide lieber im Schweigen verharren und auch nur dort wachsen können.

Descartes hatte nicht Unrecht, als er sagte: »Ich denke, also bin ich.« Er beschrieb damit sehr präzise den westlichen Menschen. Unser Denken ist, was wir dafür halten – so sieht es nun einmal aus. Dabei sind wir so viel mehr als unsere Gedanken.

Alle großen Weltreligionen haben auf irgendeiner Ebene entdeckt, dass diese tyrannische Denkweise relativiert und begrenzt werden muss, damit sie nicht überhandnimmt und auf Kosten unseres ursprünglichen Seins die Macht an sich reißt. Wenn das passiert – da müssen wir ehrlich mit uns sein –, verlieren die Worte ihre Bedeutung und sagen nur noch aus, was wir gern hätten. Das führt aber zu immer mehr Zynismus und Misstrauen gegenüber allen Worten, auch gegenüber unseren eigenen. So sieht unsere postmoderne Kultur aus. Wir geben unseren Worten eine willkürliche Bedeutung, damit wir bekommen, was wir wollen. Und so entsteht ein Kreislauf geistiger Inzucht.

Hören Sie sich doch einmal die politischen Debatten in unserem Land an: Waffen, Krankenversicherung, Krieg oder was auch immer. Die Worte verlieren auf beiden Seiten ständig an Bedeutung und objektivem Wahrheitsgehalt, und wir wissen das auch alle. Die Debatten verkommen immer mehr zu einem Spiel, bei dem wir mitspielen müssen. Schweigen ist der einzige Ausweg – so wie Jesus schwieg, als er vor Pilatus stand (vgl. Markus 15,5; Johannes 19,9).

Die Seele verwendet keine Worte. Sie umgibt die Worte mit Raum, und das meine ich, wenn ich vom Schweigen spreche. Das Ego hingegen benutzt Worte, um zu bekommen, was es will. Wenn wir mit unserem Ehepartner, mit Freunden oder Kollegen streiten, passiert genau das: Wir greifen zu Worten, die uns Macht verleihen. Wir greifen zu Worten, die uns gut, überlegen und intelligent aussehen lassen und mit deren Hilfe wir als Sieger aus dem Streit hervorgehen. Das haben wir alle schon so gemacht; unser Ego kennt nur diese eine Möglichkeit. Auf dieser Ebene sind Worte aber ziemlich nutzlos, oft sogar unehrlich und destruktiv.

Das Anfüllen von Raum mit Worten und Geräuschen wird heute »Unterhaltung« genannt. Und selbst dabei richten wir den Blick allzu häufig auf Dinge, die tragisch sind, Gefühle oder Reaktionen hervorrufen. Das nennen wir dann »wichtige Nachrichten«, obwohl wir wissen, dass sie ihre Dringlichkeit oft nur aus den Emotionen in der Stimme des Nachrichtensprechers beziehen. Wenn wir an diesem Punkt stehen, sind wir schon drei Schritte vom Kontakt mit der Wirklichkeit entfernt. Und das geschieht unweigerlich, wenn das Schweigen keine Wertschätzung mehr erfährt, wenn das Schweigen rund um die Worte weniger wichtig wird als die Wortwahl selbst.

Schweigen ist eine Form der Ganzheit. Es kann Gegensätze aufsaugen, Paradoxa und Widersprüche auflösen.

Vielleicht haben wir das Schweigen deshalb nicht so besonders gern. Wenn wir uns in einer wahrhaften inneren Stille befinden, gibt es nichts, worüber wir streiten könnten, und unser Geist streitet nun mal gern, dann ist er wenigstens beschäftigt.

Oft führt unser Umgang mit anderen Menschen zum Streit, selbst innerhalb der Kirche und oft sogar über die Form unseres Gebets. Denken Sie an inklusive Sprache, an die Rolle von Männern und Frauen – alles sicher ganz wichtige Fragen. Gefällt mir dieser oder jener Psalm oder ist er zu gewalttätig? Ist diese oder jene Art von Kirchenliedern zu evangelisch, zu katholisch, zu charismatisch? Wenn wir keine Probleme finden, fühlen wir uns nutzlos. Gerade deshalb ist aber das kontemplative Gebet, vor allem, wenn es in der Gruppe geschieht, so befreiend und beruhigend. Dabei muss niemand für irgendetwas Partei ergreifen.

Am Ende läuft es immer wieder auf dasselbe hinaus: Das Ego freut sich, wenn es eindeutig Stellung beziehen kann. Wahres inneres Schweigen lässt eine solche Parteinahme aber nicht zu. Ich beschreibe diese allgemeine Tendenz als dualistisches Denken – im Gegensatz zur Kontemplation.

Damit ist aber auch klar, warum Menschen, die in einer kapitalistischen Kultur leben, in der es ständig um Wettbewerb, Vergleich, Sieg und Niederlage geht, Schwierigkeiten mit dem Schweigen haben. Wie bringt man diesen Menschen etwas so Leeres, Harmloses, zum Scheitern Verurteiltes wie das Schweigen bei? Es geht nur, wenn wir wissen, dass innere Stille auch »Friede Gottes, der alles Begreifen übersteigt« (Philipper 4,7) und »Freude, die euch niemand nehmen kann« (Johannes 16,22), schenkt.

Aber wenn die Kirchenleute nur noch auf technische Äußerlichkeiten und Formeln schauen, mit denen sich der größte Teil der Liturgie beschäftigt (Wie faltet der Priester die Hände, welche Worte spricht er und wie sieht seine Kleidung aus?), dann wird die Seele nicht berührt und auch nicht verändert. Eine zu starke Betonung dessen, was ich als »soziales Gebet« oder »Wortgebet« bezeichne, gibt uns viel zu viel Anlass zum Streiten; gerade deshalb hat Jesus wohl das innere Gebet im »stillen Kämmerlein« dem »Plappern, wie es die Heiden tun« (vgl. Matthäus 6,5 ff.), vorgezogen.

Wenn ich mich in der Fastenzeit länger zurückziehe, stelle ich immer wieder fest, dass die Zeit im Schweigen größer wird. Es fühlt sich an, als würde die Zeit zur Fülle gelangen, wie das Neue Testament sagt, als würde eine Zeit jenseits der Zeit entstehen. Sie verschiebt sich von der Abfolge der Augenblicke in der chronologischen Zeit, also vom griechischen *Chronos,* zum *Kairos,* zur punktuellen Zeit, in der ein Augenblick ganz und gar vollkommen ist, im Hier und Jetzt. Es ist genug. Es geht mir mehr als gut. Ich bin zufrieden.

Wenn Sie das Schweigen als Urgrund aller Worte und als Geburtsort aller Worte sehen können, dann werden Sie feststellen, dass Ihre Worte, wenn Sie denn sprechen, besser gewählt und ruhiger sind. Der heilige Franziskus hat uns geraten, »gut gewählte und keusche« Worte zu verwenden. Mit anderen Worten: nur dann zu predigen, wenn wir etwas zu sagen haben, nicht um zu predigen. Alles Predigen, so sagt er, muss eine Frucht der Kontemplation sein, nicht nur eitle Worte (wie es auch bei mir so oft der Fall ist)!

Ich glaube, wenn Sie etwas in Ihrem Leben als schön erkennen, dann ist es zumindest zum Teil aus dem Schweigen aufgestiegen, das es umgibt. Vielleicht schweigen wir deshalb in Kunstgalerien und Museen. Nur wenn etwas von Schweigen und sehr viel Raum umgeben ist, können wir es als einzigartig und schön schätzen. Wenn es sich mit allem anderen vermischt, bleibt seine Einzigartigkeit als besonderes, schönes Objekt unsichtbar.

Schweigen ist mehr als das Fehlen von hörbaren Geräuschen oder von Lärm. Wenn die Leere – leerer Raum, Stille – zu einer ganz eigenen Fülle wird, die mit einer eigenen, freundlichen Stimme zu Ihnen spricht, dann haben Sie erfahren, was ich unter Schweigen verstehe.

Vor Jahren habe ich bei irgendjemandem gelesen, das Schweigen sei ein Netz für den Seiltänzer. Wir gehen, versuchen die richtigen Worte zu finden, um unsere Erfahrung mitzuteilen, und die tiefe innere Stille ist das Sicherheitsnetz, das uns gestattet zu fallen. Es sagt uns in aller Offenheit – wie manche Dichter es tun –, dass Worte niemals vollkommen treffend oder auch nur ausreichend sein können. Also versucht der Dichter es weiter, und dafür sind wir ihm dankbar! Der große Raum, das Sicherheitsnetz unter dem Seiltänzer, ist das Schweigen. Es befreit ihn von der Beschäftigung mit sich selbst und der Angst, einen Fehler zu begehen. Das Schweigen stützt mich, es umgibt meine Fehler und schenkt mir weiten Raum, um sie zu korrigieren.

Es gibt zwei Arten von Schweigen. Zum einen das natürliche, erfrischende Schweigen eines introvertierten Menschen oder während einer Gesprächspause. Zum anderen das spirituelle Schweigen, das nicht mit nervösem Lachen, einem Scherz oder irgendeinem Versuch gefüllt werden muss, besonders gut auszusehen oder zu beweisen, dass wir Bescheid wissen, dass wir Insider sind. Dieses spirituelle Schweigen verlangt eine tiefe Präsenz in uns selbst und im Augenblick.

Unser Leben besteht weitgehend aus Worten und Gedanken, aber das haben wir uns selbst zuzuschreiben, vor allem seit der Erfindung der Druckerpresse. Der Tod jedoch – jenes große Mysterium, das wir noch nicht durchwandert haben – ist Schweigen. So könnte man sagen, dass Glauben und Schweigen auch Vorbereitungen auf den Tod sind. Wer bin ich vor – und nach – all meinen Worten, Gedanken und Vorstellungen?

Mein Buch *Das Wahre Selbst* habe ich mit zwei Zitaten begonnen. Das erste stammt von Ken Wilber: »Die Tatsache, dass Leben und Tod ›nicht zwei‹ sind, ist äußerst schwierig zu erfassen, nicht weil es so schwierig zu verstehen wäre, sondern weil es so einfach ist.«

Das zweite Zitat stammt von Kathleen Dowling Singh, einer Aktivistin der Hospizbewegung in Florida: »Wir verpassen die Einheit von Leben und Tod, sobald unser gewöhnlicher Geist darüber nachzudenken beginnt.«

Kontemplation stellt genau diesen gewöhnlichen Geist in Frage und sagt: Die Sache, die ihr Denken nennt, bringt euch nicht ans Ziel. Wir brauchen ein anderes Betriebssystem. Es beginnt im Schweigen und führt uns ins Schweigen.

In meinem Buch *Pure Präsenz* habe ich das Nicht-Schweigen als duales Denken bezeichnet, das alles in zwei Gegensätze aufspaltet, beispielsweise Leben und Tod. Duales Denken ist praktisch die einzige Denkweise, die wir im Westen kennen. Wir halten uns für gebildet, wenn wir besonders gut im dualen Denken sind – aber Jesus und der Buddha hätten das als »richtendes Denken« bezeichnet (vgl. Matthäus 7,1–5), und beide warnen uns eindringlich davor.

Das duale Denken ist fast ständig in uns am Werk. Es ist da, wenn wir Partei ergreifen oder von unserer Grundhaltung her zu einer Seite neigen und die andere Seite der Gleichung als falsch, fehlerhaft, häretisch oder unwahr bezeichnen. Oft geht es dabei um Dinge, die wir einfach selbst noch nicht kennen, die uns oder unser Ego in irgendeiner Weise bedrohen oder unser Wissen übersteigen. Duales Denken spaltet den Augenblick auf und sperrt die dunkle Seite, das Geheimnisvolle, Paradoxe aus. So sieht es aus, wenn wir in dieser Welt miteinander kommunizieren. Unserer Kommunikation mangelt es an Demut und Geduld, sie ist das Gegenteil von Kontemplation.

Nicht-duales Denken ist dasselbe wie Kontemplation. Kein besonders inspirierender Begriff für das, was wir früher als Beten bezeichnet haben, sondern eine klinische, exakte Beschreibung dessen, was passiert. Der Heilige Geist befreit uns von der Parteinahme und erlaubt es uns, zufrieden im Halbdunkel jeder Situation zu verharren, sodass sie uns lehren, unsere Erfahrung erweitern und uns bereichern kann. Es braucht viele Jahre der Übung und viele Fehler, um zu lernen, wie das geht. Paulus spricht im Philipperbrief (4,6f.) sehr schön darüber: »Um nichts macht euch Sorgen, bringt vielmehr in jeder Lage euere Anliegen durch Bitten und Flehen mit Dank vor Gott. Dann wird der Friede Gottes, der alles Begreifen übersteigt, euere Herzen und euere Gedanken in Christus Jesus bewahren.« Das fasst mein Anliegen sehr prägnant zusammen. Wer Kontemplation lehrt, leitet Menschen dazu an, wachsam zu bleiben und nicht zuzulassen, dass Emotionen und obsessive Gedanken die Kontrolle übernehmen.

Wenn Sie nicht mehr dual, sondern mit dieser Wachsamkeit im Geist und im Herzen denken, werden Sie für einen Moment das Gefühl haben, arm zu sein. Und Sie werden in ein peinliches Schweigen gestürzt.

Zur Geschichte des nichtdualen Denkens

In der christlichen Tradition hat das nicht-duale Denken fünfzehnhundert Jahre lang Bestand gehabt. Die Schrift *Wolke des Nichtwissens,* eine in mittelenglischer Sprache im 14. Jahrhundert erschienene christliche Anleitung zur Kontemplation, zeigt, dass nicht-duales Denken zu dieser Zeit noch ein wichtiger Bestandteil der christlichen Tradition war. Wissen musste durch Nichtwissen ausbalanciert werden, Sprechen durch Nicht-Sprechen. Die Botschaft dahinter lautete: Der einzige Weg zu einem echten Kennenlernen Gottes liegt in der Aufgabe aller festen Vorstellungen und Glaubenssätze über Gott und in der Hingabe ans Nichtwissen. Dann können Menschen einen Blick auf den wahren Charakter Gottes werfen. Was manchmal als die unaussprechliche oder dunkle Tradition des Nichtwissens bezeichnet wird, war seit Dionysius im späten 6. Jahrhundert ein zentraler Bestandteil der christlichen Lehre. Selbst die Scholastiker Thomas von Aquin und Bonaventura machten noch im 13. Jahrhundert reichlich Gebrauch davon.

Wenn wir Wissen und Nichtwissen zusammennehmen und bereit sind, nicht zu wissen, kommen wir zu dem großartigen Phänomen des Glaubens, der uns einen offenen Horizont, ein offenes Spielfeld ermöglicht. So können wir in einem demütigen, staunenden Anfängergeist leben, auch wenn wir älter werden. Oder gerade dann.

Heute gelingt das Naturwissenschaftlern leichter als vielen Geistlichen. Im Bereich der Naturwissenschaft ist man es gewohnt, mit einer Arbeitshypothese zu leben, sich mithilfe einer Theorie vorwärts zu bewegen. Im Bereich der Religion ist das allzu vielen Menschen nicht möglich, sie brauchen die ganze Wahrheit, jetzt und hier, in klaren, sicheren Worten: »Meine Konfession kennt die ganze Wahrheit; deine Konfession oder Religion kennt sie nicht.« Was für eine Zeitverschwendung! Können wir denn nicht erkennen, dass es dabei viel mehr um Selbstliebe als um die Liebe zur Wahrheit geht? Seit der Reformation, durch die Europa in Katholiken und Protestanten gespalten wurde, sind wir in dieser Art von Diskussionen noch geübter. Jede Gruppe musste beweisen, dass sie zu hundert Prozent recht hatte und die andere Gruppe zu hundert Prozent unrecht – was natürlich niemals wahr sein konnte, weder damals noch heute.

Und dann folgte gleich nach der Reformation diese Sache mit dem seltsamen Namen: die Aufklärung. Ein gestohlener Name, haben Sie darüber schon jemals nachgedacht? Die Aufklärung ist eigentlich ein Konzept des Neuen Testaments, sie stammt von Jesus, der gesagt hat, er sei das Licht der Welt (vgl. Johannes 8,12), und wir würden an diesem Licht Anteil haben (vgl. Johannes 9; Matthäus 5,14ff.). Wie konnte eine so weite, spirituelle Bedeutung auf einen rein rationalen Ansatz reduziert werden? Wir haben unsere einzigartige, geniale Art des Wissens verloren, indem wir versucht haben, unsere Gegner nachzuahmen, und ihr sehr beschränktes Vokabular ebenso übernommen haben wie ihren eingeschränkten Blickwinkel.

Rationalismus ist eine gute Art zu denken. Er hat die industrielle Revolution hervorgebracht, die naturwissenschaftliche Revolution, die mechanische und die medizinische Revolution. Viele von uns würden hier nicht sitzen, wenn es all das nicht gegeben hätte. Lieber Gott, vielen Dank für unser duales, rationales Denken! Es ist gut, so weit es eben reicht. Aber es reicht nicht weit genug. Es gibt eine Decke, die das rationale Denken nicht durchstoßen kann.

In meinem Buch *Pure Präsenz* spreche ich von fünf Dingen, die oberhalb dieser Decke liegen und die das rationale Denken weder verarbeiten noch erklären kann:

Liebe: Die Liebe ist nicht rational. Wir wissen das, und trotzdem sind die meisten von uns bereit, dafür zu sterben.

Tod: Der Tod als solcher ist nicht rational und lässt sich nicht erklären.

Leben: Das Leben ist ein einziges Mysterium.

Leiden: Viele Menschen zerbrechen am Leiden, weil sie es mithilfe ihres Egos rational oder dualistisch zu lösen versuchen, indem sie jemanden dafür verantwortlich machen.

Und schließlich verursacht jede Vorstellung von *Unendlichkeit* oder *Ewigkeit* einen Kurzschluss in unserem rationalen Geist.

In letzter Zeit habe ich noch eine sechste Sache hinzugefügt: *Sex.* Jeder Mensch mit sexuellen Erfahrungen wird zugeben, dass daran überhaupt nichts Rationales ist. Und trotzdem gibt es jede Menge Leute, die dafür leben und sterben.

Wie sind wir nur auf die Idee gekommen, die wirklich großen Dinge seien ausschließlich rational? Wenn wir unser Verständnis für diese Dinge auf eine rein rationale Ebene begrenzen, verschließen wir uns dem Nicht-Rationalen oder Irrationalen, unserer emotionalen Intelligenz, der Intuition, dem Persönlichen und dem Kontext – alles Dinge, die ein spirituelles oder ganzheitliches Wissen verlangen. Wir haben versucht, lebenswichtige Themen auf dieser Ebene zu lösen: mit dualistischer Moral, mit Dogmen und Doktrinen. Das alles bewegt sich auf einer niedrigen Bewusstseinsebene und kann uns nicht auf eine höhere Stufe oder gar zu einer mystischen Erfahrung führen.

Wir leben in einer großartigen Zeit, in der das kontemplative Denken wiederentdeckt wird. Und der einzige Grund, warum ich die Einladung zu diesem »Festival der Religionen« angenommen habe, liegt darin, dass nur ein paar Straßen von diesem Kongresszentrum entfernt Thomas Merton sozusagen mit einer Hand den Schleier weggezogen und das Wort »Kontemplation« wieder zum Leben erweckt hat: in einer katholischen Kirche, die es nicht mehr verstand, und in einer protestantischen Ära, die es noch gar nicht kannte. Gott sei Dank gab es aber viele Ausnahmen: Menschen, die durch große Liebe oder großes Leid ganz für sich das kontemplative Denken entdeckt hatten, ohne zu wissen, dass sie kontemplative Menschen waren, und ohne das Wort zu verwenden.

Unsere Kirche hat sich nach der Reformation und der Aufklärung in eine winzige Wagenburg zurückgezogen und eine regelrechte Belagerungsmentalität aufgebaut. Und sämtliche anderen christlichen Konfessionen haben dasselbe getan. Wir haben eine große Gier nach Gewissheit, Ordnung und Erklärungen entwickelt, um damit zu beweisen, dass unsere Konfession recht hatte – als ob Glauben oder Liebe so je funktionieren könnten. Wir haben nicht erkannt, dass die Welt uns dabei zusah und nur zu dem Schluss kommen konnte, dass unsere ganze Religion falsch sei, wenn sie so viel Zeit für egozentrische Kämpfe verschwendete. Kontemplation wurde nicht mehr systematisch gelehrt, nicht einmal in den Ordensgemeinschaften und auch nicht in den kontemplativen Gemeinschaften, wie Thomas Merton seinen Mitbrüdern prophetisch erklärte.

Und doch gibt es viele Menschen, deren Seele heute noch in diesem schweigenden, weiten, offenen Raum lebt. Dieses Leben ist immer die Frucht großer Liebe oder großen Leidens; in der Regel ist beides im Spiel. Dies ist der natürliche Weg, der universelle Weg zur Kontemplation, der allen Menschen offensteht. Sie müssen nicht zölibatär oder in einer klösterlichen Gemeinschaft leben, um kontemplativ zu leben. Sie müssen auch nicht besonders asketisch sein – abgesehen von Ihrem Geist und Ihrem Herzen.

Die universellen Wege zur Kontemplation sind also Liebe und großes Leiden, aber bewusstes inneres Beten beschleunigt den Schritt auf diesem Weg zur Kontemplation und Transformation.[9] Das bloße Rezitieren von Gebeten kann aber auch – wie der heilige Johannes Cassian (360–345) es ausdrückte, eine *pax perniciosa* sein, ein »gefährlicher Friede«. Dieser frühchristliche Mönch, der die Ideen und die Praxis der ägyptischen Wüstenväter in den Westen des frühen Mittelalters mitbrachte, hatte erkannt, dass selbst der Weg des Gebets gefährlich sein kann, wenn er nicht zu einer großen Liebe führt und wenn er uns dazu verleitet, notwendiges Leiden zu vermeiden – alles im Namen der Religion.

Menschen, die sich in das Sicherheitsnetz des Schweigens fallen lassen, stellen fest, dass es alles andere als ein Sturz in den Individualismus ist. Wenn es das wäre, würde es sich wieder um einen gefährlichen Frieden handeln. Wahres Gebet, wahre Kontemplation ist ein Sprung in die Gemeinsamkeit und in die Gemeinschaft. Sie wissen, dass das, was Sie erleben, vom Ganzen getragen wird und dass Sie nicht mehr allein sind. Sie sind ein Teil dieses Ganzen, ein ewig dankbarer Teil.

Deshalb können Sie, wenn Sie dazu berufen sind, auch zölibatär leben: weil Sie in einer großen Nähe zu allem leben. Alles ist ein Schock, eine Freude, eine Möglichkeit, eine Vereinigung, eine Verbindung. Tatsächlich ist das Zölibat die falsche Entscheidung für Menschen, die nicht auf irgendeiner Ebene bis zum kontemplativen Gebet vorgedrungen sind, weil es nicht funktionieren wird, weil sie als »unfruchtbare, frustrierte Junggesellen und alte Jungfern« enden werden, wie Papst Franziskus sagt. Deshalb gibt es auch die vielen Skandale um Missbrauchsfälle. Junge Männer sind mit besten Absichten ins Priesterseminar eingetreten und haben gedacht, sie könnten ein Leben in großer geistlicher Tiefe führen. Aber sie hatten nicht die inneren Werkzeuge, um damit zurechtzukommen.

Auf einer allgemeineren Ebene hat die Kirche dasselbe den Laien angetan, indem sie ihnen befahl, Lehren wie die von der Dreifaltigkeit oder den zwei Naturen Christi zu glauben, die beide mit den Werkzeugen des dualen Denkens überhaupt nicht verstanden werden können. Man kann solchen Lehren oder Doktrinen intellektuell zustimmen, aber sie können keine Dynamik in der Seele entwickeln, um das Herz oder den Geist zu öffnen oder grundlegenden Frieden zu schenken. Tatsächlich verschließen sie Herz und Geist, weil die Menschen in einem Zustand der Unwirklichkeit leben.

Das Dreierprinzip der Trinität löst das Zweierprinzip auf und besagt, dass alle Macht von der Beziehung zwischen den dreien ausgeht. Wie die kanadische Theologin, Pfarrerin der Episkopalkirche, Autorin und Exerzitienmeisterin Cynthia Bourgeault sagt: »Die Bedeutung der Trinitätslehre liegt darin, dass alle Macht nicht von den Namen der drei Teile ausgeht, sondern von der Beziehung zwischen ihnen.«[10]

In jedem Teil des Universums gibt es ein grundlegendes Muster von Geben und Empfangen, das auf dem Vorbild des dreieinigen Gottes beruht. Bei einem dynamischen Wasserrad der strömenden Liebe – so der Franziskaner Bonaventura – fließt alles nur in eine Richtung: immer positiv, immer zum Geben und zum Verströmen hin, ohne auch nur die Möglichkeit für Zorn, Lieblosigkeit, Wut und Hass in Gott zuzulassen.

Die Dreifaltigkeitslehre wurde entwickelt, um uns dem dynamischen Prinzip der drei anzunähern, in dem es immer eine Vorwärtsbewegung gibt. Aber das Ego hat uns natürlich zum Zweierprinzip zurückgezogen, das seinem Wesen nach auf Vergleich, Wettstreit und Gegensatz ausgerichtet ist, auf Entweder-oder. Die Trinität löst all das auf. Wir können nur noch in den Fluss hineinspringen und zulassen, was auch immer geschieht. Und die einzige Art, wie wir hineinspringen können, ist die Liebe – auch in unserem Geist. Ich zitiere dazu oft einen alten Spruch: »Achte auf deine Gedanken – sie werden zu Worten. Achte auf deine Worte – sie werden zu Taten. Achte auf deine Taten – sie werden zu Gewohnheiten. Achte auf deine Gewohnheiten – sie werden zu deinem Charakter. Achte auf deinen Charakter – er wird dein Schicksal sein.« Kontemplation und Schweigen schneiden das Ego und seine Negativismen schon im Keim ab, indem sie uns lehren, wachsam zu sein und auf unsere Gedanken zu achten.

Einsamkeit oder Schweigen?

Es gibt einen wichtigen Unterschied zwischen Einsamkeit und Schweigen. Einsamkeit als solche ist noch kein Schweigen. Einsamkeit ergibt sich, weil Sie keine Leute um sich haben wollen, weil Sie sauer auf Ihren Ehepartner sind oder laute Menschen meiden möchten. Vielleicht sind Sie auch einfach introvertiert. All das ist zunächst einmal weder schlecht noch gut. Aber diese Art der Einsamkeit kann uns auch nicht verwandeln. Sie ist eine Flucht, das Gegenteil von Verbindung. Wahre Einsamkeit muss in ein großes Schweigen hineinfallen, ein mitgeteiltes Schweigen, etwas weit jenseits der Abwesenheit von Lärm. Wahres Schweigen hält die Gegensätze aus in einer Weise, zu der Worte nicht in der Lage sind. Es vermittelt zwischen den Polaritäten und löst sie auf. Schweigen ist der Raum zwischen den Worten und rund um die Gedanken. Jede Seite in einem Streit muss die weite, beruhigende Fläche des Schweigens überqueren, um die andere Seite zu erreichen. Und die breite Straße des Schweigens macht uns demütiger und weniger richtend im Blick auf die andere Seite. Das Schweigen legt dem anderen auch nichts in den Mund und zeichnet auch keine Karikaturen. Es gibt dem anderen keine Namen, sondern wartet geduldig, bis der andere seinen Namen nennt.

Ohne dieses Schweigen um die Worte und Gedanken wird es immer nur noch mehr Analysen und endlose Kommentare geben. Die Übung der Kontemplation unterbindet das jedoch. Wir beenden den inneren Kommentar, vor allem wenn wir begreifen, wie selbstbezogen der größte Teil dieser unaufhörlichen Reflexionen ist. Fortwährende Selbstgespräche bringen uns der großen Wahrheit jedenfalls keinen Schritt näher.

Wir alle haben schon mal einen bevorstehenden Streit im Kopf geprobt, sei es mit unserem Chef, Ehefrau oder Ehemann oder einem anderen Menschen, der uns in irgendeiner Weise nahesteht. So wie der verlorene Sohn sich überlegt, was er seinem Vater sagen wird. Das ängstliche Ego übt seine defensive Haltung ein.

Aber wenn wir das tun, benutzen wir lauter Worte, die dafür sorgen, dass wir als Sieger aus dem Streit hervorgehen und der anderen Seite eine Niederlage bereiten. Wenn wir ehrlich sind, suchen wir nicht nach der Wahrheit, sondern wollen gut dastehen, Recht behalten, den Job behalten, unsere Ehe behalten – was auch immer.

Und Gott versteht das alles. Aber das kontemplative Denken bewegt sich darüber hinaus und betrachtet die Realität auf einer anderen Ebene als nur im Entweder-oder. Mein letztes Buch (dt. Ausgabe: *Weitergehen,* 2014) hat im Englischen den Titel *Yes, And …* – Nicht *Yes, But …*, denn das *but*, das »Aber« lässt einen Gegensatz entstehen und programmiert uns für gegensätzliches oder defensives Denken.

Als katholischer Priester bin ich mit Blick auf die Tradition ausgebildet. Ich kenne sie, und ich kenne das, was wir »rechten Glauben« oder Orthodoxie nennen. Aber wir Franziskaner halten uns oft für die Vertreter einer alternativen Orthodoxie innerhalb der Kirche, weil wir den Schwerpunkt anders setzen. Franziskus war mehr an der Orthopraxie, dem rechten Handeln, gelegen als an der rein wörtlichen Rechtgläubigkeit. Er konzentrierte sich auf die Art, wie wir *leben,* nicht auf das, was wir angeblich *glauben.* Heute können wir dieselbe Neigung bei seinem Namensvetter Papst Franziskus beobachten – und er setzt damit die Welt in Flammen.

Franziskus war kein Gelehrter. Ihm ging es um ein einfaches, gewaltloses Leben in dieser Welt. Eine Zeile, die man ihm zuschreibt und die heute noch sehr populär ist, stammt tatsächlich aus unserer Ordensregel und aus den »Ermahnungen«: »Predigt das Evangelium allezeit. Wenn nötig, auch mit Worten.« Ähnliche Ratschläge an seine Mitbrüder finden sich auch in den frühesten Franziskus-Biografien.

Predigt das Evangelium allezeit. Das Leben selbst ist ein Spiegel des Evangeliums, wie in den Traditionen der Mennoniten, der Amischen, Waldenser und Quäker. Lasst uns nicht über Worte streiten, weil das immer zu einer dualistischen Parteinahme führt. Lasst uns einfach so leben, dass Jesus darin sichtbar wird. So, dass niemand übersehen kann, wie unser Leben die Liebe und das Mitgefühl Jesu verströmt.

Schweigen ist kein Streit um irgendeine Lehrmeinung, sondern das Zugeständnis, dass wir nicht alles wissen und nicht zu schnell reden sollten. Es ist eher eine Lebensweise als eine Lehre. Im Schweigen, vor allem im lang anhaltenden Schweigen, finden die Dinge auf ganz natürliche Weise zu ihrer wahren Ordnung und Bedeutung. Und wenn das geschieht, dann wissen wir, was wichtig ist, was bleibt, was echt ist: das, was Jesus die Herrschaft oder das Reich Gottes nennen würde. Oder anders gesagt: das richtig große Ding. Der Rest ist flüchtig und vorübergehend. Wenn Sie sich letzten Mittwoch über irgendetwas aufgeregt haben, an das Sie sich heute nicht einmal mehr richtig erinnern, dann haben Sie das vor sich, was die Buddhisten mit Fug und Recht »Leere« nennen. Es hat keine dauerhafte Substanz und ist in diesem Sinne nicht wirklich vorhanden.

Und doch geben wir unser Leben für Emotionen, die nächste Woche vorbei und vergessen sind. Wir schlingen unser Ego um diese Emotionen und geben ihnen unverdientes Gewicht und eine falsche Bedeutung. Gefühle sind ihrem Wesen nach selbstbezogen. Wir lernen uns mit ihrer Hilfe kennen, bleiben aber auch in unserer eigenen kleinen Welt stecken, wenn wir sie zu ernst nehmen oder uns an sie binden. Bei unseren Gefühlen geht es immer zunächst um uns selbst, und so gut es ist, sich selbst zu kennen: Wir bleiben in unserem Selbst gefangen, wenn wir sie nicht nutzen, um weiterzugehen.

Meine Metapher für das, was Jesus das Reich Gottes nennt, ist *Das große Bild.* Wenn wir das ganze große Bild anschauen, was hat dann wirklich Bedeutung? Wenn wir dereinst auf dem Sterbebett liegen, was wird uns noch wichtig sein? Werden wir dann über die Dinge nachdenken, die uns jetzt beschäftigen? Werden wir noch über die Themen streiten, die jetzt scheinbar wichtig sind? Das Herzstück des geistlichen Kampfes liegt darin, uns vor dem Sog der Emotionen und des Egos zurückzuziehen. Denn das Ego will recht haben, will siegen, will den anderen niedermachen, den Feind demütigen. Hier müssen wir unsere Energie einsetzen, statt uns wie besessen mit vermeintlichen oder echten Moralfragen zu beschäftigen, die in der Regel nur wenig von uns selbst verlangen.

Wir finden es ungeheuer schön, Partei zu ergreifen. Wir lieben das Gefühl, einem anderen mal so richtig gezeigt zu haben, wo es langgeht. Das Schweigen jedoch erlaubt es den Dingen, in ihrer Ganzheit aufzusteigen – Ken Wilbers würde sagen: »Alle Ebenen, alle Stufen« –, statt wie üblich auf einer Ebene oder einer Stufe gefangen zu bleiben.

Auf der einen Ebene, der einen Stufe zeigen wir, was wir denken. Genau aus diesem Grund ist jede Diskussion zwischen Menschen auf unterschiedlichen Wachstumsstufen unweigerlich dazu verurteilt, im Missverständnis zu enden. Außerhalb des kontemplativen Denkens werden solche Diskussionen fast immer egozentrisch und drehen sich um die Frage, wer den Sieg davonträgt. Unser Parlament, der US-Kongress, zeigt das seit einigen Jahren überwältigend deutlich, wenn ansonsten durchaus gebildete Abgeordnete eng und blind daherreden. Inzwischen erwarten wir schon gar nichts anderes mehr von ihnen. In einer solchen Art der Kommunikation geht es nicht um Liebe oder um die Wahrheit, nicht einmal um die Realität. Es geht nur um den Sieg, um die Sehnsucht des Egos, das sich nichts anderes wünscht als die Niederlage des Gegners.

Das duale Denken gefällt sich darin, die Unterschiede zu übertreiben, um irgendetwas zu finden, was am anderen defizitär ist. Wenn Sie keine Gemeinschaft erlebt haben, kein einigendes Bewusstsein, dann bleibt Ihnen ja nichts anderes als die Unterschiede. Sie sind ein leicht zugänglicher Bezugspunkt, und Sie übertreiben sie ganz bewusst. Das ist das Frühstadium des »Sündenbockmechanismus«, wie René Girard es nennt. Wobei er davon ausgeht, dass dieser Mechanismus fast vollständig unbewusst abläuft. Kontemplation dient dazu, dass wir uns solche Dinge bewusst machen!

In der ersten Lebenshälfte sind wir alle mehr oder weniger im dualen Denken zu Hause, und zwar aus gutem

Grund. Wir müssen erst einmal unterscheiden lernen, bevor wir die Unterschiede überwinden, wie sollten wir sonst damit umgehen? Junge Leute müssen unterscheiden lernen und sich aufs Gewinnen konzentrieren. Sie kennen ihre Gruppe, ihre Mannschaft, ihre Nationalität, ihre ethnische Zugehörigkeit, ihre Religion, ihre Umgebung. Der größte Teil der Geschichte beruht bis heute auf dem Bewusstsein der ersten Lebenshälfte.

Die meisten Menschen hatten ja weder die Zeit noch die Vorbilder für eine zweite Lebenshälfte, in der es nicht mehr ums Siegen geht, sondern ums Sein und um die innere Integrität. Das Schweigen schafft den Raum für diese weitere, wahrhaftigere Ebene des Seins – wenn wir es zulassen.

Wir müssen das Schweigen und das Nichts als eine Lebensform in der großen Kette des Seins sehen, vielleicht als das erste Glied in dieser Kette, aus der alle anderen sich ergeben. Der heilige Bonaventura, der spirituelle Genius aus Italien, der den intellektuellen Faden des gänzlich ungelehrten Franziskus wieder aufnahm, hat uns die große Kette des Seins vorgestellt, von den materiellen Dingen über die innere Seele bis hin zum Göttlichen. Johannes Duns Scotus, ein anderer früher Franziskaner, sagt: Wir können über alles Sein mit einer Stimme sprechen, vom Sein der Erde über das Wasser auf der Erde bis hin zu den Mineralien in der Erde, den Blumen und Bäumen und Gräsern, den Tieren, den Menschen, den Engelschören und dem Göttlichen. Und beide Mystiker würden sagen: Wenn wir das Göttliche in einem Glied dieser Kette nicht mehr sehen, fällt alles auseinander. Entweder ist alles Gottes Werk, oder wir werden uns schwertun, Gott in den Teilen überhaupt zu finden. Wir leben in einer gespaltenen, verwirrten postmodernen Welt, die nicht mehr in der Lage ist, alles mit Schweigen zu umgeben und darin zu verankern.

Nein, damit mache ich es mir nicht zu einfach. Entweder sehen Sie Gott in allen Dingen, oder Sie sehen Gott bald überhaupt nicht mehr, nicht einmal in Ihren Mitmenschen. Trotzdem haben wir Christen die letzten fünfhundert Jahre seit der Reformation damit zugebracht, uns zu spalten und zu entscheiden, wo Gott ist. Wir glauben tatsächlich, dass Gott in der einen Kirche ist, in der anderen aber nicht. Und interessanterweise denken wir immer, er bevorzuge gerade unsere Kirche und wohne dort. Genau diese Lüge wollte Jesus in seinem eigenen auserwählten Volk ausräumen, und er ist furchtbar damit gescheitert.

Selbst im *Baltimore Catechism,* mit dem Generationen von jungen amerikanischen Katholiken aufgewachsen sind, vertritt die Kirche sehr gemischte Ansichten über Gott. Die Antwort auf Frage 16: »Wo ist Gott?«, wird mit »Gott ist überall« beantwortet. Im Rest des Katechismus erfahren wir dann allerdings, dass Gott in Wirklichkeit *gar nicht* überall ist, sondern ausschließlich in der römisch-katholischen Kirche. Und Jesus befindet sich in der römisch-katholischen Kirche ausschließlich im Tabernakel. Aber nur, wenn der Priester die Messe richtig zelebriert hat und dabei im Stand der Gnade war. Gott wird eingesperrt, und nur der Priester hat den Schlüssel. Unwillkürlich haben wir die Grundlagen des modernen Atheismus gelegt, indem wir ständig erklärt haben, wo Gott *nicht* ist, ja nicht einmal sein *durfte.* Ein solches unreifes Christentum hat den Säkularismus hervorgebracht, indem es den Klebstoff aus Schweigen, Schönheit und Gnade nicht wertschätzte, der im Universum alles mit allem zusammenhält. Indem wir das schlichte Schweigen nicht ehrten, das allen unseren Worten und Unterscheidungen vorausgeht.

Und so haben wir zwar behauptet, Gott sei überall, gleichzeitig aber faktisch versichert, im Grunde genommen sei er fast nirgends.

Das Schweigen lässt Ganzheit zu und verliert sich nicht in den Teilen. Ohne Schweigen werden fast alle Dinge langweilig, überflüssig oder beliebig. Und wir beschäftigen uns nur noch mit Größe, Masse, Geschwindigkeit, Einfluss, Prominenten und nicht mehr mit Bedeutung oder Sinn. Man könnte meinen, dass nur noch Dichter und Mystiker Zeit für solche Dinge wie Bedeutung oder Sinn haben.

Das Schweigen ist der ewig treue Gefährte, das Tor zu einer immer tieferen Verbindung mit allem, was um uns ist.

Das muss nichts Großes oder Wichtiges sein. Es kann ein Stein sein, eine Heuschrecke. Alles kann Sie zur Umkehr bringen, wenn Sie es mit dem verehrungsvollen Schweigen umgeben, das ihm Bedeutung, Identität, Einzigartigkeit, Wichtigkeit, Wert oder – wie Johannes Duns Scotus sagen würde – »Diesheit« verleiht.

Scotus bezog sich auf Franziskus' Liebe zu den Tieren und der Schöpfung – Bruder Sonne, Schwester Mond –, als er sagte, Gott habe keine Geschlechter und Arten erschaffen. Gott erschafft immer nur eins: diesen Frosch, diesen Augenblick, diesen Hund. Und die Tatsache, dass dieser Hund in diesem Augenblick existiert, zeigt, dass Gott ihn erwählt hat und liebt. In diesem Moment. Sonst würde er verschwinden. Großartig! Ich finde das absolut großartig.

In einer guten franziskanischen Philosophie gibt es nur Diesheit, und dabei handelt es sich eigentlich nur um eine andere Art, vom Geheimnis der Inkarnation zu sprechen. Deshalb haben so viele Dichter Johannes Duns Scotus geliebt. Der englische Dichter und Jesuit Gerard Manley Hopkins, der im 19. Jahrhundert lebte, war ein großer Scotus-Anhänger, genau wie der amerikanische Trappistenmönch und Mystiker Thomas Merton im 20. Jahrhundert. In seiner Liebe zu materiellen und konkreten Dingen ist der Jesuit Teilhard de Chardin Scotus' moderne Entsprechung.

Zusammenfassung

Das Schweigen ist ein Ort, der gleichzeitig horizontal ist und die Verbindung mit der Diesheit erlaubt, der Einzigartigkeit von allem, was ist. Dieser Ort ist aber auch vertikal: Das Schweigen gestattet uns, in allen Dingen Durchgänge in die Ewigkeit zu entdecken. Das Schweigen nimmt den Lärm weg, den wir auf alles übertragen, und gestattet es individuellen Dingen, ihren Platz auszufüllen, für etwas zu stehen und sogar zur Seite zu treten, sodass wir das Licht und das Leben sehen können, das sie enthüllen. »Dies« *ist immer der Durchgang* zu »jenem« – *und zu immer noch mehr.* Das Eine ist das Fenster, durch das wir die Vielen sehen können. Wenn etwas hier wahr ist, wird es bald überall wahr sein.

Das Schweigen zieht Bedeutung an. Wenn Sie eine Stunde lang schweigen, wird es Ihnen schwerfallen, *kein* Gedicht zu schreiben.

Im Schweigen wird alles real. Alles hat ein Gedicht verdient. Wahrhafte Stille enthüllt die Fülle des Jetzt, statt immer noch mehr zu erwarten und zu ersehnen; statt darauf zu warten, dass die nächste, noch aufregendere Sache passiert.

Wir müssen im Jetzt erwachen. Und wir können im Jetzt erwachen – durch das Schweigen. Das heißt nicht, dass wir moralischer werden müssen – wir müssen bewusster werden, die Moral kommt dann unter Umständen von selbst. Wir müssen verletzlich werden, berührbar für den Augenblick, damit er die Macht bekommt, uns zu verändern. Wenn wir einem anderen Menschen, einem Tier oder Ereignis, einer Situation oder Emotion nicht die Macht geben, uns zu beeinflussen und zu verändern, dann sind wir dem Augenblick nicht nahe genug, dann stehen wir nicht in Verletzlichkeit vor der einzigen Realität, die es gibt.

Auf vielerlei Weise ist die Nähe zum Augenblick, die Verletzlichkeit in der Gegenwart aller Realität nichts anderes als Spiritualität. Es wäre wirklich heldenhaft, wenn wir unser ganzes Leben unter dieser halb durchlässigen Haut verbringen könnten. Sie würde alle Ereignisse zu uns hereinlassen, gerade so viel, dass sie uns verändern, und uns den Ausbruch aus unserem Gefängnis gestatten, damit wir – so hoffe ich – die Welt ein bisschen verändern. Wenn unsere Spiritualität uns nicht verletzlicher macht, dann habe ich Zweifel, ob sie überhaupt etwas taugt.

Wenn wir auf das Schweigen reagieren, versteckt es sich. Aber wenn wir offen bleiben, kommt es wieder zum Vorschein. Es enthüllt und versteckt, immer wieder. Es wartet und schaut, ob wir es auf eine nicht-manipulative Art nutzen, und wenn wir tatsächlich nicht anfangen zu manipulieren, dann schenkt es uns ein Stück mehr von sich. Denken Sie darüber mal eine Weile nach.

Haben Sie also Geduld mit dem Schweigen. Es schenkt uns ein bisschen, und wenn wir die erste Portion nicht missbrauchen, dann schenkt es uns ein bisschen mehr. Es ist, wie wenn man im Wasser dahintreibt: Sobald wir nicht mehr dagegen ankämpfen, geht es besser.

Lassen Sie dem Schweigen sein offenes Ende. Versuchen Sie nicht, alles zu glätten. Drängen Sie nicht zur Auflösung von Konflikten. Suchen Sie keine glatte, schnelle Antwort, sondern lassen Sie alles für eine Weile im Schweigen. Keine voreiligen Urteile. Das ist gemeint, wenn wir sagen, Gott ist der einzige Richter. Inneres Schweigen befreit uns von der Last, unser eigenes Urteil für notwendig oder wichtig zu halten.

Echtes Schweigen bringt uns vom Wissen um die Dinge zur Wahrnehmung einer Präsenz, die Wirklichkeit in sich trägt. Könnte das Gott sein? Dann gibt es eine Beziehung auf Gegenseitigkeit zwischen Ihnen und allen Dingen. Dann gibt es eine Du-Beziehung, wie es Martin Buber nennen würde, der Philosoph aus dem 20. Jahrhundert. Er spricht von einer Es-Beziehung, in der wir alles als Bequemlichkeit, als nützlich betrachten. In einer Du-Beziehung jedoch können wir eine Sache einfach so respektieren, wie sie ist, ohne sie zurechtzurücken, zu benennen, zu verändern, zu reparieren, zu kontrollieren oder auch nur zu erklären. Könnten wir mit einem solchen Denken Gott erkennen? Ja, ich glaube, dass das möglich ist.

Ein solches Schweigen ist der Frieden, den die Welt nicht geben kann (vgl. Johannes 14,27). Das heißt nicht, dass es nicht auch einen Ort für Erklärungen und für das Verstehen gäbe. Aber wir müssen erst einmal lernen, Ja zum Augenblick zu sagen. Dieses Ja ist der Ausgangspunkt. Wenn wir mit einem Nein beginnen, mit Kritik, Urteil, Schubladendenken, Analysieren und Verwerfen, dann wird es uns schwerfallen, zum Ja zurückzukehren.

Wir müssen lernen, jede einzelne Begegnung mit einem grundsätzlichen Ja zu beginnen, bevor wir uns an das Nein heranwagen. Das ist der Kern von Kontemplation, und das müssen wir ein Leben lang üben. Aber wenn wir erst einmal damit begonnen haben, können wir jeden Tag mit einem Anfängergeist leben, der immer wieder zum Ja zurückkehrt. Und dieser Geist wird immer schweigen, bevor er spricht.

Zweites Kapitel

Heiliges Schweigen als Weg zum Mitgefühl

Gott als Strom

Es ist mir ein Rätsel, warum das Christentum – jene Religion, die doch glaubt, das Wort sei Fleisch geworden – sich so sehr auf das Wort bezieht. Ein Großteil seiner Geschichte ist nichts anderes als ein Streit um Worte: um den unterschiedlichen Gebrauch von Worten, die Definition von Wortbedeutungen, die Verteidigung von Begriffen. Wir haben die Inkarnation umgekehrt und dafür gesorgt, dass das Fleisch wieder zum Wort geworden ist – allerdings nicht mehr zum ewigen Wort.

Man sollte annehmen, wenn wir wirklich das glauben würden, wovon wir sprechen – dass Gott in dem jüdischen Mann namens Jesus in die Welt gekommen ist –, dann sollten wir uns viel mehr mit der Inkarnation beschäftigen, mit der Fleischwerdung, der physischen Welt. Das ist doch der Glaube, den die christliche Tradition vertritt.

Aber wenn wir ehrlich sind, ist unsere Glaubensgeschichte eher gnostisch geprägt. Es geht mehr um Exkarnation als um Inkarnation, und wir ziehen die Theorie fast immer der Praxis vor.

Eine der orthodoxesten Angelegenheiten in der christlichen Tradition ist die Trinitätslehre. In Bezug auf die Gestalt Gottes geht der orthodoxe christliche Glaube davon aus, dass Gott eher ein Verb als ein Substantiv ist. Gott ist eine Beziehung. Gott ist die Vereinigung der drei Personen, die wir Vater, Sohn und Heiliger Geist nennen. Alles männliche Namen – obwohl es immer noch Streit um die Frage gibt, ob der Heilige Geist nicht eher weiblich ist.

Aber wie die Theologin Cynthia Bourgeault sagt: Selbst wenn es so wäre, stünden die Frauen immer noch auf verlorenem Posten, denn es gibt ja Vater und Sohn – zwei zu eins. Sie fordert uns dazu auf, nicht darüber zu streiten, ob die Personen der Dreifaltigkeit männlich oder weiblich seien: Das gehe an der wirklich wichtigen Frage vorbei. Wichtig sei es nämlich, sich auf die Beziehung zwischen den dreien zu konzentrieren, nicht auf die korrekten Namen oder das Geschlecht der drei Personen.

Tatsächlich haben wir denjenigen, den wir als den Inkarnierten sahen, den Sichtbaren, den Christus, aus dem Prozess der Vereinigung herausgelöst, aus dem ständigen Verströmen, das mit Worten nicht zu beschreiben ist und über das man gar nicht angemessen sprechen kann. Die

Trinitätslehre hätte uns viel mehr Geduld mit dem Schweigen und dem Geheimnis lehren können. Aber wir haben uns etwas gewünscht, über das wir reden konnten. Und so reden wir in der Regel am meisten über den Sichtbaren, den Christus Jesus. Wir tun so, als wäre Jesus gleich Gott, und haben die Dreifaltigkeit vergessen. Dadurch hat sich das christliche Denken stark verändert, und die Mystik wurde zu einer seltenen, misstrauisch beäugten Sache.

Aber um es ganz ehrlich zu sagen: Wir Christen haben viel zu stark auf die Jesuskarte gesetzt. Wir haben Jesus aus der dynamischen Einheit der Dreifaltigkeit herausgezogen und ihn aus praktischen Gründen in die Rolle Gottes hineingedrängt, obwohl er doch eigentlich eine ganz andere Rolle spielen sollte: *Gott und die Menschheit zu vereinen!* Wir wussten nicht, wie wir Gott und Menschheit in ihm vereinen sollten, und das Ergebnis ist leider, dass wir kein Modell und keine Vorstellung haben, wie wir Gott und Menschheit in uns selbst zusammenbringen könnten.

Schauen wir also unsere ersten Sprechversuche an, um das Unbeschreibliche zu beschreiben, auch wenn wir heute andere Worte verwenden würden. Unser Gebrauch männlicher Ausdrücke und unsere Verwendung des Begriffs *Vater,* um Gott als Schöpfer und Quelle zu beschreiben, ist zumindest teilweise ein historischer Zufall. Jesus selbst bezeichnete seinen Gott als *Abba,* Vater – eigentlich »Papa« –, und dieser Begriff war auch durchaus sinnvoll in einer Welt, in der alles Männliche als patriarchalisch verdächtigt und sicher nicht als liebevoller Papa gesehen wurde. Indem Jesus Gott als *Abba* ansprach, setzte er die nötige Heilung in Gang. Aber wir haben die Metapher leider wörtlich genommen, und daraus ergab sich mit der Zeit jede Menge Zurückweisung und negative Projektion. Am Ende sahen wir Gott, den Vater, an wie jeden anderen Patriarchen, statt durch den Strom der Dreifaltigkeit die Vorstellung von Patriarchat selbst zu verändern (was hoffentlich noch passieren wird) oder unser eigenes Verhältnis zu diesem Vater so zu gestalten wie Jesus.

Wir behaupten, die Trinitätslehre sei die absolute Grundlage aller christlichen Theologie. Der deutsche Jesuit Karl Rahner hat allerdings schon in den frühen Sechzigerjahren dagegengehalten, dass, »wenn man die Trinitätslehre als falsch ausmerzen müsste, bei dieser Prozedur der Großteil der religiösen Literatur fast unverändert bleiben könnte«.[11] Wie ist das möglich? Dahinter steckt weder böser Wille noch schlechte Theologie, sondern einfach ein Mangel an inneren Werkzeugen, um damit zurechtzukommen. Die Trinitätslehre lädt uns zum nichtdualen Denken ein, ja, sie macht es sogar notwendig: ein kontemplatives Denken, mit dem wir überhaupt erst beginnen können, das nichtrationale Geheimnis Gottes zu verarbeiten.

Andere Religionen müssen das christliche Vokabular und die christliche Metapher der Dreifaltigkeit nicht akzeptieren. Bei aller unterschiedlichen Sprache gelangen freilich die meisten reifen Religionen zu einer Gottesvorstellung, die ein dynamisches Strömen, eine Vereinigung einschließt. Sie sehen Gott als Beziehung, als denjenigen, von dem Paulus sagt: »In ihm leben wir, bewegen wir uns und sind wir.« (Apostelgeschichte 17,28)

Diesen Vatergott hatten unsere jüdischen Vorväter entdeckt und verehrt; er stand jenseits aller Worte, sodass sein Name – Jahwe – nicht einmal ausgesprochen werden konnte (vgl. Exodus 3,14. 20,7). Tatsächlich benutzten sie aus diesem Grund den heiligen Namen nicht. Er war unaussprechlich, und unsere jüdischen Vorväter schenkten uns eine großartige Vorstellung von Demut vor Gott und Jahwes Unbeschreiblichkeit. Es galt als »eitel« oder »unnütz«, seinen Namen zu benutzen. »Ihr wisst nicht, worüber ihr sprecht, wenn ihr von Gott sprecht«[12], lautete die ewig gültige Botschaft. Jedes Wort ist eitel und unnütz, und doch muss man ja irgendeinen Ausdruck finden.

Mit der wunderbaren Metapher »Vater« (denn etwas anderes als die Verwendung von Metaphern ist ja nicht möglich) nahm der christliche Glaube an den gestaltlosen Einen letztlich doch Gestalt an, weil wir Menschen uns jemanden vorstellen wollten, den wir lieben und zu dem wir in Beziehung treten konnten (vgl. 1 Johannes 1,1f.). Wir brauchten eine heilende Metapher, um eine vertrauensvolle Beziehung zu knüpfen. Aber dann haben wir die Metapher leider wörtlich genommen und uns vorgestellt, Gott sei tatsächlich männlichen Geschlechts. Was ziemlich albern ist, wenn man genauer darüber nachdenkt. Aber ein Anfang war gemacht.

Die Person, welche die Christen »Heiliger Geist« nennen, war genau diese liebende Beziehung zwischen Vater und Sohn, die wiederum nicht benannt und auch nicht angemessen beschrieben werden konnte. Sie oder er ist »das Dritte«, das eine eigene Realität, ein eigenes Leben annimmt, wie die Liebesbeziehung zwischen zwei Ehepartnern. Tatsächlich konnten wir nur weitere Metaphern erfinden: die Taube, die sich vom Himmel herabsenkt, Feuer, Wind, fließendes Wasser – alles dynamische Begriffe und hilfreiche Symbole, um die aktive, lebendige Beziehung zu beschreiben, die inneren Bewegungen, die wir als in uns wohnenden Heiligen Geist bezeichnen.

Nur zu oft vergessen wir, dass die Metapher die einzig mögliche Sprache der Religion ist. Für die meisten Christen ist es ein großer Schock, wenn sie feststellen, dass jedes Wort, das wir benutzen, metaphorisch ist: *Es ist wie* … Wenn wir als christliche Gemeinde ehrlicher gewesen wären und das jüdische Gebot akzeptiert hätten, dass jeder Name für Gott unnütz und eitel ist und keine perfekte oder auch nur angemessene Beschreibung, dann hätten wir mehr Demut den Worten gegenüber entwickelt – und gegenüber der Religion als solcher. Auch heute noch suchen viele Katholiken das Mysterium in Weihrauch und lateinischer Sprache, statt sich mit dem grundlegenden Geheimnis zufriedenzugeben und damit zu ringen.

Wir sind aufgerufen, den Vater und den Heiligen Geist zu ehren, und ihn, der Gestalt annahm und Mensch wurde. Wir sind aufgerufen, die Beziehung zwischen ihnen zu ehren, statt uns nur auf Jesus zu konzentrieren, wie es im Christentum gebräuchliche Praxis geworden ist. Diese Überbetonung von Jesus, diese Unterschätzung der Beziehung hat uns auch in Wettstreit mit den anderen Weltreligionen gebracht. Ständig müssen wir Jesus *beweisen,* im Widerspruch zu Buddha, Allah, den Hindu-Göttern, sogar im Widerspruch zum Gott Israels. Damit haben wir den Christus aus der Einheit herausgelöst, von der er selbst gesprochen hat, die er genoss und zu der er uns einlud. Ein ehrlicher trinitarischer Glaube öffnet sich dem interreligiösen Dialog und respektiert sein Gegenüber, weil wir mit seiner Hilfe zugeben können, dass auch Gott vollkommenes Geheimnis und innere Lebendigkeit ist und dass Jesus nicht außerhalb steht.

Das ist die Ironie an der Sache: Wir sind unserer eigenen Tradition untreu geworden, indem wir einen Teil von ihr überbetont haben. Wir haben Christus *angebetet,* statt – wie es in den offiziellen Gebeten immer noch heißt – *durch* ihn zu beten: »... durch Christus unseren Herrn«. Wir haben vergessen, welche Gestalt Gott angenommen hat und dass wir als »Leib Christi« an seiner Gestalt Anteil haben. Was für ein enormer Verlust!

Indem wir zu stark auf die Jesuskarte gesetzt und Jesus zum Begründer unserer neuen Religion gemacht haben, vergessen wir, dass er – da bin ich jedenfalls sicher – als gläubiger Jude gestorben ist. Sein Menschengeist wusste nicht, dass er die christliche Religion begründete. Das geht, wenn wir ehrlich sind, relativ klar aus den Evangelien hervor. Er hat allerdings versucht, seine eigene Religion – und die Religion insgesamt – von allem Götzendienst zu befreien. Ich hoffe wirklich, die Katholiken wissen, dass er nie etwas von der römisch-katholischen Kirche gehört hatte, oder überhaupt von irgendeiner Kirche. Er ging in die Synagoge und in den Tempel. Kann sein, dass uns das erschreckt, aber es ist ein heilsamer Schreck.

In Berührung mit der Geschichte

Wir müssen anerkennen, dass wir unsere christliche Religion außerhalb jedes ehrlichen historischen Zusammenhangs betrachtet haben. Und so haben wir uns nicht nur sehr schnell von unseren jüdischen Wurzeln abgeschnitten, sondern uns auch noch ab dem Jahr 313 n. Chr. mit dem Römischen Reich verbunden. Mit anderen Worten: Wir haben uns mit Macht, Krieg und Geld in Europa eingelassen, und zwar bis in die zweite Hälfte des 20. Jahrhunderts hinein, als zwei Weltkriege der ganzen Welt deutlich machten, was für ein Fehler das gewesen war.

Dieses Zusammentreffen von Ereignissen hatte auch seine guten Seiten – ich will nicht sagen, dass alles schlecht war –, aber unsere Verbindung mit dem Römischen Reich, dem Heiligen Römischen Reich Deutscher Nation, der spanischen Monarchie und dem englischen Empire verlangte immer wieder von uns, dass wir unseren Gott verteidigten und irgendwie bewiesen, wie viel besser er doch sei als andere Götter. Imperien brauchen einen gemeinsamen Gott, um zusammenzuhalten, wobei es keine Rolle spielt, ob auch alle Menschen seiner Lehre folgen. So wurde dieser demütige jüdische Mann namens Jesus zu einer theokratischen Gestalt. Das fleischgewordene Wort Gottes wurde wieder zum transzendenten Weltenrichter. Zum Pantokrator, dem allmächtigen, rachsüchtigen Herrn des Universums – und das alles praktisch ohne jede biblische Grundlage. Vergleichen Sie das mit den einfachen Zeichnungen des guten Hirten und des »gekreuzigten Esels«, die wir in den Katakomben finden. Die byzantinischen Herrscherbilder spiegeln eine ganz andere Vorstellung von Jesus, welche die christliche Praxis bis zum heutigen Tag zutiefst beeinflusst.

Schon das lateinische Wort für Gott – *Deus* – ist eine Form des griechischen Wortes *Zeus.* Wir haben es hier also mit einer heidnischen Gottesvorstellung zu tun, und Jesus entwickelte sich zu einem Abbild dieser Vorstellung, die bald schon fast nichts mehr mit dem historischen Jesus zu tun hatte: die verfügbare und notwendige Gottesfigur, die das gesamte Römische Reich zusammenhielt. Tatsächlich gehen einige Kunsthistoriker davon aus, dass die Pantokrator-Bilder, die nach dem 4. Jahrhundert die christlichen Basiliken überschwemmten, tatsächlich den Versuch darstellten, die bedrohlichen Statuen des Zeus (oder Jovis oder Jupiter) in den griechischen und römischen Tempeln zu imitieren. Mit dem Bild eines gekreuzigten, gescheiterten Jesus kamen das Reich und das Ego nicht zurecht. Und das ist bis heute so geblieben.

Es hat freilich immer Menschen gegeben, die mehr in die Tiefe gingen. Ich nenne sie die Unterströmung, in der das Unaussprechliche, das Geheimnis, noch in Ehren gehalten und zugelassen wurde. Aber allmählich hatten wir uns aus der Position einer unmoralischen Minderheit zur scheinbaren moralischen Mehrheit entwickelt, und das hatte unseren Blickwinkel radikal verändert.

Die tiefere, ältere Strömung findet sich natürlich im Johannesevangelium und an verschiedenen Stellen bei Paulus, später auch bei den Wüstenvätern und -müttern und bald darauf in Ägypten, Syrien, Kappadozien im Osten der Türkei und in einigen Gebieten Palästinas. An diesen Orten hat sich die mystische Tradition zuerst entwickelt, dort wurde das kontemplative Leben entdeckt und gelehrt. Und es zeigte sich, dass wir ein anderes Denken brauchen, um Lehren auf einer solchen hohen Ebene zu verstehen. Sie stritten sich nicht um Lehren, sondern um die besten Wege zur *inneren Stille!* Versuchen Sie, sich in diesen radikalen Unterschied hineinzufühlen! Lesen Sie die *Philokalie,* eine Sammlung von Texten aus der Zeit vom 4. bis 15. Jahrhundert aus der Ostkirche, wenn Sie es selbst erfahren wollen.

Diese Menschen konnten zeigen und lehren, dass das normale frühe duale Denken uns nicht dazu bringen kann, geistliche Dinge auf geistliche Weise zu verstehen (vgl. 1 Korinther 2,13). Es ist zu schwach, um zu verstehen, was wirklich gemeint ist, wenn Jesus sagt: »Ich und der Vater sind eins« – dass die beiden nämlich einen Geist haben und uns einladen, an ihrer Beziehung teilzuhaben.

Wir können dieses neue Dreierprinzip nicht verstehen, wenn wir das alte Zweierprinzip des Dualismus anwenden, das immer in Antagonismen denkt: Entweder – Oder, richtig oder falsch. Dieses dualistische Denken hat sich im römischen Katholizismus durch die Jahrhunderte fortgesetzt und viel dazu beigetragen, das Zwei-Schichten-Christentum von Klerikern/Monasten und Laien hervorzubringen, gegen das sich Luther mit gutem Grund zur Wehr gesetzt hat.

Mönche, Laienbrüder und Nonnen – kontemplativ oder nicht – bildeten den Kern jeder religiösen Gemeinschaft, auch meiner franziskanischen Gemeinschaft, und waren verantwortlich für die Wiederentdeckung des kontemplativen Denkens in unserer Zeit. Thomas Merton, ein Mönch aus Kentucky, führte sie an, weit in die Vergangenheit und zurück in unsere Zukunft. Viele frühe Mönche und Nonnen wurden Eremiten, weil sie das normale, dualistische religiöse Leben nicht ertrugen. Viele Laien entwickelten sich durch große Liebe und großes Leid zu »verborgenen Kontemplativen«, wurden aber vom Klerus darin kaum unterstützt und überlebten im Verborgenen.

Wann immer Sie die Wiederkehr von Eremiten, Einsiedlern, Klausen und Eremitagen erleben, wissen Sie, dass Sie es mit einer Zeit zu tun haben, in der das nichtduale und kontemplative Denken wiederentdeckt wird. Mit einem dualistischen Geist können Sie nämlich Schweigen und Einsamkeit gar nicht ertragen; Ihr innerer Widerstand treibt sie in den Wahnsinn.

Leider hat die Spaltung aber eine Zwei-Stufen-Gesellschaft hervorgebracht: Von normalen Katholiken in einer ganz normalen Kirche in Florenz, Heidelberg oder Boston wurde nicht erwartet, dass sie sich mit kontemplativem Denken beschäftigten. Sie sollten lediglich beten – beten und gehorchen. Und damit war nicht kontemplatives Beten gemeint, sondern das Aufsagen von vorgefertigten Gebetstexten oder das gemeinsame Gebet der Liturgie, bei der man weiß, ob man etwas richtig oder falsch macht, so wie es das Ego gern hätte. Leider werden die Menschen auf dieser Ebene nur selten zu echter Schattenarbeit, zur Demut oder zur Auseinandersetzung mit dem Geheimnis Gottes ermutigt. In erster Linie geht es darum, sich gruppenkonform zu verhalten.

Erstaunlicherweise entdeckt unsere Zeit aber die Tradition der Kontemplation wieder und spricht ehrlich von ihr. Ja, es hat eine solche Tradition gegeben und wir haben sie verloren, aber wir entdecken sie immer wieder. Bis jetzt hat sie eine Randexistenz geführt, gerade außerhalb des Blickfeldes, sodass sie vom größten Teil der Gläubigen weder erwartet noch ihnen angeboten wurde, ebenso wenig wie vom größten Teil der Geistlichen, die ja für Predigt und Lehre zuständig waren. Im Grunde genommen hat sich die katholische Kirche deshalb in mindestens drei Ebenen geteilt: die Geistlichkeit, die alles zusammenhielt, die Laien, die taten, was die Geistlichen ihnen befahlen, und die Ordensleute, die sich eher am Rand hielten, um die alte Tiefe wiederzufinden – natürlich mit unterschiedlichem Erfolg.

Und dann kam Gott sei Dank die protestantische Reformation des 16. Jahrhunderts. Denn bis dahin waren wir Katholiken ja allein auf weiter Flur. Wir hatten ein Monopol auf alles, was angeblich christlich war, zumindest im Westen. Es gab keine loyale Opposition, die das Christentum einigermaßen auf Kurs hielt oder zumindest für Ehrlichkeit sorgte, vor allem, nachdem mit dem Großen

Schisma von 1054 fast jeglicher Kontakt mit der Ostkirche abgerissen war. Wir mussten immer wieder erfahren, dass absolute Macht zur absoluten Korruption verleitet.

Ohne prophetisches, das heißt selbstkritisches Denken, wie wir es ursprünglich von den Juden gelernt haben, wird jede Religion zum Götzendienst, zum Dienst an sich selbst. Die Reformation versuchte dem entgegenzuwirken, aber das Ergebnis war aufs Ganze gesehen kein Erstarken der kontemplativen Tradition. Das Christentum wurde eher noch verkopfter, noch mehr aufs Wort, aufs Argumentieren konzentriert als zuvor. Und diese Entwicklung wurde zusätzlich verstärkt durch die Erfindung der Druckerpresse, die unser Denken noch weiter in die linke Gehirnhälfte verschob, mit allen guten und schlechten Formen rationalen Denkens. Das musste so sein. Wir mussten das durchstehen.

Aber jetzt sind wir am Ende von fünf Jahrhunderten endloser innerchristlicher Streitigkeiten angekommen, die die Welt schon nicht mehr hören kann und denen sie auch tatsächlich nicht mehr zuhört. Die historischen Themen, über die wir uns entzweit haben, interessieren die meisten Menschen nicht mehr, weder innerhalb des Christentums noch außerhalb. Es muss von außen schwerfallen, uns ernst zu nehmen, denn jede christliche Gruppe nimmt für sich in Anspruch, dass nur sie von Jesus geliebt wird und dass nur sie ihm richtig nachfolgt. Wir zeigen nur wenig von dem mystischen, dynamischen, trinitarischen Strom des Lebens, weder untereinander noch in uns noch anderen gegenüber.

Es ist also nur natürlich und sehr gerechtfertigt, wenn wir Christen heute in einer defensiven Position sind. Der säkulare Westen sagt uns: »Zeigt uns die Früchte, zeigt uns die Zukunft.« Wie kam es zu den zwei Weltkriegen? Sie kamen nicht aus dem heidnischen Asien, wie wir befürchtet hatten, sondern aus dem Inneren des kleinen Kontinents, von dem wir Christen doch dachten, wir hätten ihn in der Tasche. Alle Menschen in diesem kleinen Erdteil namens Europa waren Katholiken oder jedenfalls Christen, und genau hier entstanden zwei Weltkriege! Genau hier fand der Holocaust statt. Die Bewohner eines Kontinents, der von der christlichen Tradition geprägt war, schlachteten sich gegenseitig ab, zwei Mal in einem einzigen Jahrhundert. Und ihr Denken ist bis heute materialistischer als sonst irgendwo auf der Welt. »Was ist bloß aus diesem Jesus geworden, der doch ihr Ideal und ihr Lehrer war?«, muss die Welt sich fragen.

Die traurige Ironie an dem jahrhundertelangen Antisemitismus in weiten Teilen Europas, der die Grundlage des Holocaust bildete, liegt in der Tatsache, dass wir damit unsere Großeltern umgebracht haben. Wenn wir uns aber von unseren Großeltern trennen – von unserem jüdischen Erbe – und nicht einmal wissen, dass sie unsere Großeltern sind, dann töten wir diejenigen, die wir ehren und lieben sollten. Darin liegt unsere kulturelle Schizophrenie, die in alle Ewigkeit von der Unreife des westlichen Christentums Zeugnis ablegen wird, von unserer erstaunlichen Fähigkeit, das Ziel zu verfehlen. Sie ist eine letzte faule Frucht des dualen Denkens, das unbedingt einen Feind braucht, einen Sündenbock, auf den wir unser eigenes unversöhntes Böses abladen können.

Wenn wir das kontemplative Denken oder das nichtduale Bewusstsein verlieren, werden Menschen gewalttätig. Das duale Denken ist streitsüchtig, und wir haben einen streitsüchtigen Kontinent erschaffen, den wir dann auch noch nach Nord- und Südamerika exportiert haben. Wir sehen das in unserer Politik, in der Unfähigkeit unserer Kirche, einen klaren interreligiösen (und ja, auch innerreligiösen) Dialog zu führen. Die Baptisten bekämpfen die Anglikaner immer noch als »verlorene Schafe«, die Evangelikalen verurteilen die katholische Kirche als »große Hure Babylon«, und wir Katholiken verleumden alle anderen als Ketzer. Und jeder versteckt sich in seinem kleinen, engen Kreis. Was für eine Verschwendung von Zeit und guter Gotteskraft in einer Welt, die leidet und verkommt. Wir haben Jesus aufgespalten.

Simone Weil, die großartige französische Philosophin und politische Aktivistin, stand ein Leben lang auf der Grenze zwischen Christentum und Judentum und wünschte sich, ihr Leben möge eine Brücke sein. Sie liebte beide und war nicht in der Lage, sich für eines zu entscheiden. Ihre wichtigste Botschaft war: Die Schwierigkeit am Christentum liegt darin, dass es sich als eigene Religion abgetrennt hat, statt zu sehen, dass die prophetische Botschaft Jesu für die Reform und Authentizität aller Religionen wichtig und notwendig war.

Stattdessen haben die Christen einen Wettstreit angezettelt, und wenn wir im Wettstreit liegen, müssen wir Worte benutzen. Von da aus dauerte es nicht lange, und wir wurden aggressiv und – so traurig es ist – gewalttätig. Alles im Namen Gottes. Aber eins folgt aus dem anderen, und wenn man solche Entwicklungen nicht im Keim, also bei den Gedanken und Gefühlen erstickt – und genau das tut das kontemplative Gebet –, dann werden Gedanken unweigerlich zu Worten, Worte werden zu Taten, Taten werden zu Gewohnheiten, Gewohnheiten werden zu unserem Charakter und unser Charakter wird unser Schicksal.

Und doch kann ich nicht bezweifeln und leugnen, dass die Unterströmung der Kontemplation immer da gewesen ist. Ich habe das Glück gehabt, als Franziskaner mit ihr in Berührung zu kommen. Sie war nie der Mainstream, das müssen wir ehrlich zugeben. Sie war immer in der Minderheit. Und selbst heute ist es noch so: Wenn Sie Christen etwas über Kontemplation erzählen, klingt es für die meisten von ihnen ketzerisch, fremd und unnötig.

Wenn Sie die große, ewige jüdisch-christliche Tradition kennen und die Unterströmung entdecken, können Sie mühelos mit Brüdern und Schwestern aus anderen Glaubenstraditionen kommunizieren. Wir haben eine gemeinsame Grundlage. Ich bin in orthodoxer, traditioneller katholischer Theologie ausgebildet, aber die jüdisch-christliche Tradition auf kontemplativer Ebene hat es mir ermöglicht, die Sichtbarkeit und Offenbarung Gottes in allen Traditionen der Welt zu ehren. Klingt wie ein Paradox, ist aber keins. Wenn Sie an einer Stelle in die Tiefe gehen, stoßen Sie irgendwann unweigerlich auf die tiefe, gemeinsame Unterströmung.

Unsere *Living School* in Albuquerque, New Mexico, versucht im Westen die sogenannte Ewige Tradition wiederzubeleben, die Unterströmung, die uns allen gemeinsam ist. Das heißt nicht, dass ich irgendjemanden dazu auffordere, die Tradition aufzugeben, aus der er stammt. Man muss die Regeln kennen, bevor man sie richtig brechen kann. Man muss sich mit Hingabe und Verantwortungsgefühl zu einer Tradition bekennen, diesen Standpunkt vertreten selbst der Dalai Lama und Mutter Teresa. Sonst bestimmt immer das Ego, und dann bewegen wir uns außerhalb des lebendigen Leibes Christi.

In dieser tiefen Unterströmung wird Schweigen viel eher möglich, weil wir wissen, dass Worte ohnehin nicht ausreichen. Alle Worte haben ihre Mängel, und alle Worte haben dieses »Ja, und …«. Ich glaube, wenn wir unsere Religionen mit dieser Demut und Geduld ausstatten könnten, würden unsere Gespräche vollkommen entspannt und natürlich ablaufen.

Drittes Kapitel

Das Wahre Selbst ist Mitgefühl und Liebe

Christen, die ihre eigenen Tiefen erfahren haben – und das sind leider nicht alle – entdecken eine Präsenz in ihrem Inneren, die sogar als »Ich-Du-Beziehung« erlebt werden kann, wie Martin Buber es genannt hat. Ein tiefes, liebevolles »Ja« in uns selbst. In der christlichen Theologie wird diese innere Präsenz als Heiliger Geist beschrieben: Gott in uns, unser tiefstes, wahrhaftigstes Selbst.

Einige Heilige und Mystiker haben diese Präsenz als »näher bei mir, als ich mir selbst bin« oder als »mehr ich als ich selbst« beschrieben. Viele von uns würden wohl auch mit Thomas Merton vom »Wahren Selbst« sprechen. Aber diese Präsenz muss erweckt und erwählt werden. Der Heilige Geist ist vollkommenes Geschenk für alle, aber er muss empfangen werden. Wenn ein Mensch diese Präsenz ganz und gar annimmt und sein gesamtes Leben daraus bezieht, nennen wir ihn einen Heiligen.

So wird das »Ebenbild« zum »Gleichnis«, um die beiden wichtigsten Begriffe aus der Schöpfungsgeschichte zu verwenden (vgl. Genesis 1,26f.). Wir alle haben das Bild, das Ebenbild in uns, aber wir lassen uns in unterschiedlichem Maße, in unterschiedlichen Stufen darauf ein, Gott ähnlich und damit zum Gleichnis zu werden. Keiner von uns ist moralisch oder psychologisch vollkommen oder vollständig (ich habe jedenfalls noch niemanden kennengerlernt, bei dem es so war). Aber die Heiligen und Mystiker wagen trotzdem zu glauben, dass sie ontologisch (ihrem Wesen nach) *ganz* sind und dass diese Ganzheit ein Geschenk Gottes ist. Mit unserem »Ich« hat das alles nichts zu tun.

Der Heilige Geist wird niemals durch unser Tun oder Verhalten erschaffen, sondern lebt in uns, gehört zu unserer inneren Einheit mit Gott. In der katholischen Theologie wird der Heilige Geist auch »unerschaffene Gnade« genannt. Kultur und Religion leiten uns oft dazu an, aus unserem falschen Selbst heraus zu leben: aus unserem »guten Ruf«, unserem Selbstbild, Rollen, Besitz, Geld, Aussehen und so weiter. Erst wenn das alles versagt – und das tut es irgendwann unweigerlich – enthüllt sich das Wahre Selbst und steht bereit, uns zu führen. Einige erleuchtete Seelen lassen sich freilich schon viel früher auf diese Wahrheit und Präsenz ein.

Das Wahre Selbst lehrt uns das Mitgefühl nicht so sehr – es *ist* bereits Mitgefühl. Und aus dieser größeren, stärker geerdeten Position heraus können wir uns auf ganz natürliche Weise mit allem verbinden, was ist. Wir können Mitgefühl empfinden, vergeben und lieben. Wir sind in Liebe, zur Liebe und auf die Liebe hin erschaffen. Das lässt sich inzwischen auch naturwissenschaftlich und biologisch belegen: Unser Säugetier-Gehirn liebt die Zufriedenheit und kümmert sich gern um andere. Wir können das bei allen Säugetieren beobachten, die friedlich in ihrer Rolle leben, ihre Jungen nähren und beschützen und die Unvermeidbarkeit von Leiden und Tod viel natürlicher annehmen als wir mit unserem verrückten Neocortex, der alles sortieren und erklären will.

Dieses tiefe innere »Ja« ist Gott in mir, liebt Gott bereits durch mich. Das falsche Selbst weiß gar nicht, wie man liebt, jedenfalls nicht mit Tiefe und Weite. Es ist zu klein und zu sehr auf sich selbst bezogen, um Mitgefühl zu empfinden.

Das Wahre Selbst – in dem Sie und Gott eins sind – entscheidet sich nicht zur Liebe, es *ist* schon Liebe (vgl. Kolosser 3,3 f.). Wenn Sie aus diesem weiten Raum heraus lieben, erleben Sie das wie einen Fluss, der aus sich selbst heraus dahinströmt (vgl. Johannes 7,38 f.).

Viertes Kapitel

Beten ist Sehen mit kontemplativen Augen

Mystik bedeutet, einfach gesagt, ein Erfahrungswissen über Gott statt eines rein mentalen oder kognitiven Wissens. Und wenn wir das Göttliche wirklich erfahren, bewegen wir uns natürlich auf eine höhere – oder eigentlich tiefere – Bewusstseinsebene. Die meisten Leute denken, wenn sie das Wort Mystik hören, an etwas, was Menschen gar nicht zugänglich ist oder doch jedenfalls nur solchen Menschen, die fünfundzwanzig Jahre lang als Asketen gelebt haben. Jesus sagt uns in seinen Geschichten jedoch etwas anderes, beispielsweise in der Geschichte vom verlorenen Sohn, von der Sünderin oder vom Zöllner und Pharisäer. Er sagt uns: Auch Menschen, die (noch) schwach und sündenbeladen sind, machen mystische Erfahrungen.

Ein mystischer Moment, ein Moment der Einheit ist keine Sache der linken Gehirnhälfte, sondern des ganzen Gehirns mit beiden Hälften, aber auch des Herzens, des Körpers und der Seele. In einem solchen Moment vollzieht sich ein intuitives *Begreifen* des Ganzen und ein *Ergriffenwerden* durch das Ganze!

Gott ist ein anderes Wort für das Herz aller Dinge, gerade in ihrer Verbundenheit. Wenn wir sagen, wir lieben Gott, dann heißt das, wir lieben alles. Unreife Religion ist nur eine Entschuldigung dafür, dass wir eine ganze Menge Dinge nicht lieben, und deutet darauf hin, dass Menschen noch keine echte Gotteserfahrung gemacht haben. Starre religiöse Vorschriften und zwanghafte Religiosität – alle Formen von Lieblosigkeit in der Religion – zeigen recht deutlich, dass Menschen Gott *nicht* begegnet sind. Wenn Sie eine Einheitserfahrung mit Gott, mit der Wirklichkeit und mit sich selbst gemacht haben, zeigt Ihr Leben unweigerlich zwei Dinge: ruhige Zuversicht und freudige Dankbarkeit.

Deshalb können Mystiker ihre Feinde, Fremde und Außenseiter lieben. Sie unterscheiden nicht, wie es Religion auf der unteren Ebene tut. Religion auf der unteren Ebene ist Stammesdenken, ein gesellschaftliches Konstrukt, das eine Gruppe zusammenhalten soll. Manche Menschen glauben, sie seien katholisch, weil sie Iren oder Italiener sind. Das ist reine Gruppenidentifikation und hat mit mystischer Erfahrung nicht das Geringste zu tun. Tatsächlich hilft ein solches Denken oft eher, mystische Erfahrungen zu vermeiden, wie Jesus schon zu seinen jüdischen Landsleuten sagte, als sie eine Überlegenheit aus der Tatsache ableiten wollten, dass sie »Abraham zum Vater« hätten (Lukas 3,8). Er sagt sogar, die Steine unter seinen Füßen könnten fruchtbarer sein als ein solcher vergeblicher Bezug auf die Zugehörigkeit zu einer Gruppe oder die Abstammung (vgl. Matthäus 3,9).

Organisierte Religion und der mystische Weg

Organisierte Religion ist ein Beispiel für Inkarnation. Wir müssen beim Einzelfall ansetzen, um zum Universellen zu kommen. Wir müssen im Konkreten beginnen. Und tatsächlich brauchen wir ein Behältnis, um lange genug an einem Ort zu bleiben, sodass wir die wirklichen Fragen kennenlernen und uns mit ihnen auseinandersetzen können. Irgendeine Art von Religion ist nötig, um die Große Tradition weiterzutragen, um uns wenigstens die richtigen Worte zur Verfügung zu stellen, damit wir erkennen, dass mystische Erfahrung wünschenswert oder irgendwie möglich ist. Sonst müssen wir bei Null anfangen und lächerliche Irrwege gehen, wie es heutzutage so oft passiert. Organisierte Religion ist ein System der Verantwortlichkeit, das uns hilft, die wichtigen Fragen kennenzulernen, herauszufinden, wer Gott eigentlich ist und wie unsere eigenen Grenzen aussehen.

Mit meinen eigenen Worten – mehr steht mir ja nicht

zur Verfügung – würde ich sagen: Organisierte Religion ist etwas sehr Gutes und geradezu unabdingbar für die erste Lebenshälfte.[13]

Das Problem ist nur: Organisierte Religion sagt uns normalerweise, dass eine mystische Vereinigung mit Gott zwar möglich ist, dass wir sie aber nicht wirklich erwarten sollten. So etwas passiere nur ganz besonderen Menschen. Und damit werden mystische Momente zu etwas sehr Elitärem, Fernem, das erst irgendwann in der Zukunft möglich ist und dann auch nur für ganz wenige Menschen.

Deshalb wird organisierte Religion oft problematisch – ich sage nicht, dass sie falsch ist, aber Probleme gibt es schon – wenn wir die Lebensmitte hinter uns gelassen haben. Und zwar, weil sie in den meisten Fällen nicht die Fragen beantwortet, welche die Seele stellt. Viele Menschen suchen sich dann kirchliche Nischen; auch die Franziskaner führen ein solches Nischendasein. Aber nicht alle Menschen sind dazu berufen, Priester oder Ordensfrauen zu sein oder sich auch nur dem Dritten Orden der Franziskaner anzuschließen. Trotzdem brauchen sie eine Möglichkeit, neben ihrer Sonntagsgemeinde zu lernen, zu studieren oder zu beten, eine Gruppe, wie sie beispielsweise die sogenannte *emerging church* oder »emergente Bewegung« zur Verfügung stellt.[14] Der Sonntagsgottesdienst allein kann Menschen, wenn wir ehrlich sind, nur selten auf eine tiefere oder auch nur authentische Reise mitnehmen.

Organisierte Religion kann uns sehr wohl so lange im Boxring halten, bis wir gute Fragen stellen und größere Antworten erwarten. Aber sie lehrt uns selten, wie man wirklich mit dem Geheimnis ringt. Organisierte Religion wirft uns nicht ins heiße Wasser, sondern bleibt lau. Sie lehrt uns nicht die Erwartung, dass sich das Geheimnis in irgendeiner tiefergehenden Weise zeigen wird. Sie neigt – bei aller Freundschaft – dazu, uns in Abhängigkeit von ihrer eigenen Seelsorge zu halten, statt uns anzuleiten, etwas selbst herauszufinden. Obwohl es darum doch eigentlich geht.

Wir sagen die ganze Zeit: »Komm wieder, dann begreifst du es irgendwann.« Aber die Menschen begreifen es nicht, weil es in unseren Kirchen immer nur darum geht, bei einem Ereignis dabei zu sein und zuzuschauen. Es geht nicht um etwas, an dem man rund um die Uhr sieben Tage in der Woche teilhaben kann, auch ohne Priester und Seelsorger und formelle Sakramente. Noch einmal: Ich meine das nicht abwertend. Aber wenn die Gotteserfahrung der Menschen von dem formellen Sakramentsdienst eines geweihten Priesters abhängig wäre, dann hätten 99,9 Prozent der Schöpfung keine Chance, Gott kennen und lieben zu lernen. Und das kann nicht sein.

Außerdem: Wenn Geistliche selbst den Weg nicht gegangen sind, können sie auch die Menschen nicht dorthin führen, weil sie nicht wissen, was passiert (vgl. Matthäus 23,13).

Nemo dat quod non habet, heißt ein lateinisches Sprichwort. »Niemand kann geben, was er nicht selbst besitzt.«

Der mystische Weg im Alltag

Karl Rahner hat einmal von der »Mystik des Alltagslebens« gesprochen. Das ist ein guter Satz. Wir müssen aufhören, Mystik als etwas anzusehen, was nur zölibatär oder monastisch lebenden Asketen widerfährt.

Genau hier setzte der hl. Franziskus an, als er das religiöse Leben wieder auf die Straßen, zu den Laien und in die normalen Gemeinden brachte, die immer so behandelt worden waren, als wären sie Bürger dritter Klasse im Reich Gottes.

Tatsächlich brauchen Sie ein neues Betriebssystem. Es ist vollkommen gleichgültig, was Sie tun, Sie können es nicht tun – Ihre Alltagsarbeit im Beruf oder in der Familie –, wenn Sie nur das duale Denken zur Verfügung haben, das urteilende, vergleichende, wettbewerbsorientierte Denken, das die meisten von uns so sehr gelernt haben, dass sie glauben, es wäre das einzig mögliche.[15]

Jesus spricht in diesem Zusammenhang vom richtenden Denken. Deshalb sagt er: »Richtet nicht!« (Matthäus 7,1). Mit heutigen Worten: »Klebt den Dingen keine Etiketten auf.« Denn dabei geht es nur darum, Kontrolle auszuüben und die eigene Überlegenheit auszuspielen. Das richtende Denken will die Dinge kennenlernen, indem es sie mit etwas anderem vergleicht. Es fängt also mit einem negativen ersten Schritt an. Damit ist es weit davon entfernt, die Dinge in sich, durch sich und für sich kennenzulernen. Ein so primitiver Erkenntnisversuch wird Sie nie auch nur in die Nähe einer mystischen Erfahrung bringen. Und genau deshalb haben, einfach gesagt, alle großen spirituellen Meister irgendein Gebot im Sinne von »Richtet nicht« ausgesprochen. Das richtende Denken ist zu selbstbezogen und verschließt jeden offenen Horizont.

Das ursprüngliche Wort für das neue Denken, für das alternative Bewusstsein – denn das ist es – lautet »Gebet«. Dieses Wort ist missbraucht und trivialisiert worden, sodass wir darunter heute oft nur das Bittgebet, das Lesen von Gebeten, das gemeinsame Gebet in der Liturgie und das Aufsagen vorgefertigter Gebete verstehen. Ich fürchte, wir Katholiken sind geradezu berühmt für das Auswendiglernen und Rezitieren von festen Formeln. Viele von uns müssen das Wort »Gebet« aufgeben und durch »Kontemplation« ersetzen, damit unsere Gesprächspartner erkennen können, dass wir von etwas ganz anderem sprechen.

Ich will damit gar nicht behaupten, das vorformulierte Gebet sei etwas Schlechtes. Es entspricht nur nicht dem, was die Wüstenväter und -mütter in den ersten drei- bis vierhundert Jahren des Christentums gelehrt haben. Es ist nicht das, was man ursprünglich unter »Beten« verstand. Wir sehen das an den vielen, langen einsamen Ausflügen in die Wüste, die Jesus unternahm. Und wir sehen es an der Art, wie die Jünger ihn fast zwingen mussten, sie das Gebet zu lehren, das wir heute das Vaterunser nennen (vgl. Lukas 11,2). Jesus ist nicht der Mann des Tempelgebets oder des Gemeindegebets, obwohl er sicher nichts gegen diese beiden Formen gehabt hätte, wenn sie nicht zu rituell, gesetzlich und geschäftsmäßig geworden wären – daher die Geschichte von der Reinigung des Tempels. Das Evangelium erzählt davon, dass Jesus und die Jünger zusammen den »Lobgesang« sangen, das *Hallel,* also die Psalmen 113 bis 118, die das Pessachmahl eröffneten und beschlossen.

Das Gebet schaut mit anderen Augen, die nicht vergleichen, nicht im Wettstreit stehen, nicht richten, etikettieren oder analysieren, sondern den gegenwärtigen Moment in seiner Ganzheit und seiner Nicht-Ganzheit wahrnehmen. Das meine ich, wenn ich von Kontemplation spreche. Es braucht jahrelange Übung, um von unserem normalen dualen Denken umzuschalten auf das nichtduale, wahrnehmende Gebet als hauptsächlichen Bewusstseinszustand.

Für viele Menschen ist Gebet immer noch gleichbedeutend mit dem Aufsagen von Vaterunser und Gegrüßetseist-du-Maria, und ich will solche Gebete auch gar nicht abwerten, vor allem dann nicht, wenn sie die gesprochene Frucht eines tieferen inneren Gebets sind. Aber ich kenne

Katholiken, die ein Leben lang das Vaterunser und das Gegrüßet-seist-du-Maria gesprochen haben, ich kenne Priester, die ein Leben lang die Messe gelesen haben und nicht wissen, wie man betet. Damit will ich niemanden be- oder verurteilen, denn die meisten haben ja nichts anderes gelernt. Ich bin nur zutiefst traurig darüber, weil ich weiß, dass ohne einen Zugang zu der tieferen Strömung ihr Leben, ihr Zölibat und ihr Dienst eher Funktion als Salbung bleiben werden, um hier einmal Begriffe aus einer Predigt von Papst Franziskus zu verwenden (28. März 2013).

Ziel des Gebets – da würde mir wohl jeder gute Christ zustimmen – ist es, Kontakt mit Gott aufzunehmen, auf Gott zu hören und seine Stimme tatsächlich zu vernehmen, wenn das nicht zu anmaßend klingt. Aber vor allem dient das Gebet dazu, die Erfahrung der uns innewohnenden Gegenwart selbst zu spüren. Am Ende beten wir nicht mehr, sondern das Gebet geschieht durch uns (vgl. Römer 8,26f.); wir lassen diesen Vorgang nur zu und freuen uns daran.

Das kann nur gelingen, wenn wir daran arbeiten, offen zu bleiben, auch für die Gnade. Was für ein Paradox. Wobei die Gnade immer und überall durchbrechen kann, tatsächlich ist das sogar eher die Regel als die Ausnahme. Aber wir wollen die Früchte der Gnade ja immer und überall genießen, nicht nur ab und zu.

Wenn Sie sich von Ihrer linken Gehirnhälfte leiten lassen, von Ihrem urteilenden, berechnenden, dualistischen Denken, dann finden Sie keinen Zugang zum Heiligen, weil dieses Denken nur zulässt, was es schon denken kann, womit es einverstanden ist und was es nicht als bedrohlich empfindet. Gott ist aber per definitionem unvertraut, geheimnisvoll, jenseitig und so weiter. Wenn Sie also nicht bereit sind, mehr zu erfahren, das Geheimnis zu erfahren – wie wollen Sie dann bereit sein für Gott? Dann bleibt der Zugang sehr eng, und er wird streng bewacht.

Kontemplation ist nichtduales Denken. Es entsteht, wenn Sie den Moment nicht aufspalten in das, was Sie schon kennen, und das, was sie nicht kennen und was deshalb automatisch falsch, häretisch, böse oder sündig sein muss. Leider ist duales Denken aber sehr weit verbreitet. Wir sehen überall Beweise dafür, vor allem in den Bereichen Religion und Politik. Und deshalb fällt in diesen Bereichen ja auch jedes sinnvolle Gespräch so schwer.

Können wir das Gebet trivialisieren?

Wenn sehr viele Menschen möglichst gleichzeitig für dieselbe Sache beten, neigen sie dazu, zu glauben, sie könnten damit Einfluss auf Gottes Handeln ausüben. »Viel hilft viel« – das scheint auch hier zu gelten. Aber wenn wir so denken, geht es nicht darum, Gott zu lieben oder ihm zu dienen. Es geht nur darum, Gott auf meine Seite zu ziehen, damit er mir gibt, was ich mir wünsche. Dazu brauche ich weder Liebe noch Hingabe, es geht sehr oft nur um den gut verschleierten Wunsch nach Kontrolle. Das Schöne ist aber natürlich, dass Gott längst auf meiner Seite ist. Alle Gedanken daran, ihn auf meine Seite zu ziehen, sind nutzlose Zeitverschwendung und sinnlose Versuche, das Geheimnis zu manipulieren. Als könnte uns das jemals gelingen.

Wenn Sie Gott aus lauter Mitgefühl mit Ihrer Großmutter bitten, sie gesund zu machen, ist das natürlich ganz wunderbar. Aber selbst in diesem Fall versuchen Sie, auf dem Fahrersitz Platz zu nehmen und Gott auf den Beifahrersitz zu drängen, obwohl man die Fahrerei doch allein Gott anvertrauen kann. Sie müssen also erst einmal auf Gottes Willen hören, nicht auf ihren eigenen. Dann, und nur dann, können Sie im Geist beten.

Jesus warnt uns vor dem gesprochenen Gebet, indem er sagt: »Wenn ihr betet, plappert nicht wie die Heiden … Euer Vater weiß ja, was ihr braucht« (Matthäus 6,7 ff.). Er warnt uns davor, Gott zu sagen, was Gott ohnehin schon besser weiß als wir selbst. Und ich muss ehrlich gestehen, die formelhaften Gebete der Gläubigen in einer katholischen Messe kommen mir oft eher vor wie Ankündigungen als wie echte Gebete, zumal wenn sie von Gott in der dritten Person sprechen und nicht aktiv an ihn gerichtet werden, als wäre er anwesend. Dann würden wir nämlich in der zweiten Person mit ihm sprechen. In den USA muss man tatsächlich zu den Pfingstgemeinden oder in die schwarzen Gemeinden gehen, um so etwas zu erleben. Im Matthäusevangelium warnt uns Jesus sogar vor zu viel öffentlichem Beten (6,5), weil es zu viele gesellschaftliche Vorteile bringt. Aber wir müssen ehrlich zugeben, dass wir seine Ratschläge zum Thema Gebet nicht beherzigt haben, ja, dass wir ihnen oft geradezu entgegenhandeln.

An anderer Stelle rät Jesus uns sehr wohl, Gott um das zu bitten, was wir brauchen oder uns wünschen (vgl. Matthäus 7,7–11). Hier steht er dem Bittgebet und der Fürbitte ganz positiv gegenüber. Aber warum? Nicht, damit wir Gott zu irgendetwas überreden. Nicht, weil Gott unsere Worte braucht, denn er weiß mehr über das Leiden und kümmert sich mehr darum als wir.

Ich glaube, unsere Fürbitte ist so wichtig, weil wir unsere eigenen Gedanken und Worte hören müssen. Wenn wir sie laut aussprechen, wird uns klar, was wir hoffen und was durchaus auch der Wille Gottes sein kann. Es geht um eine Übung in Teilnahme, um eine gemeinsame Fürsorge mit Gott – um das, was Paulus als Zusammenarbeit von Gott und Mensch sieht (vgl. Römer 8,28). Wir brauchen unsere Gebete selbst viel mehr, als Gott sie braucht: um seinen tiefsten Willen, seine Sehnsucht kennenzulernen – und unsere eigene. Unsere Gebete sind ein Hilfsmittel dazu.

Am Anfang steht immer Gottes Geist, der in der Seele wirkt und dafür sorgt, dass wir uns um menschliches Leid und menschliche Bedürfnisse kümmern. Wenn Sie also ernsthaft beten, hat Gott bereits zu Ihnen gesprochen. Sie sagen eigentlich nur noch Ja zu dem, was Gott sich eher noch mehr wünscht als Sie selbst. Deshalb verlieben Sie sich im Gebet in Gott, weil Sie spüren, dass Sie das Gute nicht selbst tun. Es geschieht Ihnen und durch Sie.

Offenbar kennen wir aber unsere Bedürfnisse, Gefühle und Gedanken auch erst, wenn wir sie in Worte fassen. Deshalb müssen wir alle weiterhin »seufzen in unserem Herzen« (Römer 8,23), bis unsere Gebete der viel tieferen Fürsorge Gottes entsprechen und bis wir entdecken, dass unser eigener Wille und der Wille Gottes letztlich eins sind.

Führt der Weg der Mystik zum Glück?

Ein Bild, das schon viele vor mir verwendet haben: Schmetterlinge fängt man nicht, indem man ihnen nachjagt. Wenn Sie aber still sitzen, setzt sich der Schmetterling vielleicht auf Ihre Schulter. Auch das Glück findet man nicht, indem man ihm nachjagt, weil man bei dieser Suche viel zu sehr auf sich selbst schaut. Es geht immer um uns selbst, auch wenn wir es gar nicht merken. »Heute werde ich glücklich sein«, denken wir. Und gelegentlich merken wir, dass wir uns viel zu sehr anstrengen, zu bewusst, zu absichtlich. In diesen Fällen hält immer noch das Ego-Bewusstsein das Steuer in der Hand.

Denken Sie an das, was ich an anderer Stelle schon über unser Säugetiergehirn gesagt habe. In eine tiefe Zufriedenheit muss man sich fallen lassen, man kann sie sich nicht erarbeiten. Ist Ihnen schon mal aufgefallen, wie schnell das Glücksgefühl angesichts eines erreichten Zieles vorübergeht? Wie es lediglich einem neuen, angeblich höheren Ziel Platz macht? Die bewusste Suche nach dem Glück hat etwas Rastloses an sich und führt letztlich zu einer Niederlage. Glück liegt viel mehr im Bereich von Geschenk und Überraschung, wie eine Taube, die sich vom Himmel herabsenkt, oder eine Feuerzunge. Kein Wunder, dass dies Metaphern für den Heiligen Geist sind.

Glück wird nur zu oft egoistisch definiert, und genau aus diesem Grund bleibt es nicht lange bei uns. Zuerst definieren wir Glück wie die Kinder auf der sinnlichen Ebene: ein befriedigendes Essen, ein schönes Hotelzimmer oder eine wunderbare sexuelle Erfahrung. Alles sehr verständlich. Aber aus sich selbst heraus macht uns das alles nicht glücklich. Wenn Sie das Glück nicht schon in dieses Hotelzimmer mitbringen, werden Sie darin auch nicht glücklich sein, es wird Ihnen lediglich ein paar Minuten gefallen. Wenn Sie aber schon glücklich sind, dann reicht Ihnen auch ein Hotelzimmer mittlerer Qualität oder eine sehr bescheidene Unterkunft, und Sie können immer noch sagen: »Heute bin ich glücklich und zufrieden.«

Manchmal schenken uns ganz einfache Dinge ein großes, tiefes Glück, weil wir wissen, dass wir aus einer tieferen Quelle, einem tieferen Strom gespeist werden und dass wir dazu immer Zugang haben, auch ohne ein Feinschmeckermenü oder fantastischen Sex.

Glück ist immer ein Geschenk, ein Ergebnis unserer Suche nach Einheit und Liebe. *Wenn Liebe Ihr jetziges und dauerhaftes Ziel ist, können Sie gar nicht scheitern,* und dann kommt das Glück von allein und ganz natürlich. Wenn Sie darüber einmal genauer nachdenken, werden Sie feststellen, wie recht ich habe.

Das reinigende Ziel des mystischen Weges ist nicht mehr und nicht weniger als die Einheit mit Gott. Auch das Ziel des Gebets ist die Einheit mit Gott, mit dem Augenblick, mit uns selbst, mit dem Göttlichen – mit allem. Heilung, Wachstum und Glück sind zugegebenermaßen wunderbare Nebenprodukte des Gebets, aber sie sollten nicht unsere Hauptsorge sein, sonst geht uns die Reinheit des gesamten Prozesses verloren. Persönliches Glück kann also nicht das Ziel des mystischen Weges oder des Gebets sein, sonst bleibt der Bezugspunkt immer der Gleiche: »Ich will glücklich sein.« Diese wichtige Reinigung der Motivation ist von großer Bedeutung, und weil wir darauf nicht immer bestanden haben, gibt es so viele kirchliche Aktivitäten, die nichts anderes sind als gut verstecktes Selbstinteresse (wie eine besonders gute Brandversicherung). Mit Gottesliebe haben sie jedenfalls nichts zu tun.

Als Priester weiß ich nur allzu gut, dass die meisten offiziellen Gebete der katholischen Kirche in irgendeiner Form darum bitten, »dass ich in den Himmel komm«. Das glauben Sie nicht? Dann schauen Sie mal genauer hin. Als gäbe es keine größeren Sorgen und Bedürfnisse auf der Welt als mein persönliches ewiges Leben! Ich weiß nicht, wie Priester es schaffen, jeden Tag aufs Neue solche selbstbezogenen, individualistischen Gebete aufzusagen. Wenn der Spruch *lex orandi est lex credendi* – was du betest, glaubst du irgendwann – wahr ist, dann muss man sich nicht wundern, dass die Christen so wenig dafür bekannt sind, sich um das Leid in der Welt zu kümmern, und dass sie so viele Kriege und Ungerechtigkeiten angezettelt haben. Wir haben ihnen nie beigebracht, wie man betet!

Zuerst müssen Sie die Einheit mit Gott und mit allem suchen, dann wird sich der Schmetterling höchstwahrscheinlich sanft und sicher auf Ihrer Schulter niederlassen. Und dann kommt das Glück als wunderbare Folge, als Schluss, als Geschenk, als dicker Zuckerguss auf dem jetzt endlich richtig gut gebackenen Kuchen Ihres Lebens.

Fünftes Kapitel

Der Weg zum nichtdualen Denken

»Es gibt eine Art der Existenz, in der sich Offenbarungen und Geschäftigkeit, Tod und Leben, Gott und kein Gott, alle diese angeblichen Gegensätze mischen und zu einem Gewahrsein vereinen. Ich selbst bin weit von einem solchen Gewahrsein entfernt, aber ich schaue durch ein Fernglas darauf.«

Christian Wiman,
Dichter und Autor des Buches *My Bright Abyss*

Wie können wir lernen, uns vom dualen Denken zu entfernen? Und wie können wir nichtduales Denken oder Kontemplation erlernen?

Die Frage ist gut gestellt, denn wir müssen es tatsächlich lernen. Duales Denken wird in der westlichen Kultur für so selbstverständlich gehalten, dass wir einfach »Denken« dazu sagen. Und in den letzten fünfhundert Jahren hat in den westlichen Kirchen auch kein systematischer Unterricht in Kontemplation mehr stattgefunden. Kein Wunder, dass wir uns in etwa dreißigtausend Gruppen aufgespalten haben, die sich christlich nennen. Wir haben den überlegenen Geist und das Herz verloren, oder doch jedenfalls unseren Zugang dazu. Schon Jesus hat ja gesagt: »Gebt also acht, dass ihr gut zuhört« (Lukas 8,18).

Wir alle sind im dualen Denken erzogen. Wir glauben, Intelligenz und Rationalität beruhten auf unserer Fähigkeit, Unterscheidungen zu treffen. Die meisten unserer College-Professoren gefallen sich darin, uns Unterscheidungen vorzugeben und uns zu lehren, wie man sie trifft. Wir haben die ältere Tradition verloren, die uns sagte, dass es Dinge gebe, die vor den Unterscheidungen liegen und sogar wichtiger sind als sie. Tatsächlich ist unser ständiges Unterscheiden ein Teil des Problems! Denn Unterscheidungen finden im Wesentlichen im Kopf statt, mithilfe von Worten, was sicher viele, viele positive und notwendige Seiten hat. Aber es bringt immer auch ein Stück Unwahrheit mit sich, denn im Grunde genommen sollten wir lieber erst auf die Ähnlichkeiten und tiefen Entsprechungen schauen, bevor wir Unterschiede feststellen. Ich sage immer: Wir müssen mit dem Ja beginnen, nicht mit dem Nein.

Selbst die alte Religion wusste, dass es darum ging, die Menschen mit einer anderen Denkweise vertraut zu machen, die man als Schamanismus oder Zauberei bezeichnen konnte. Heute würden wir diese andere Denkweise Meditation, Kontemplation oder eben Gebet nennen. Ich bin überzeugt, das ist ursprünglich mit dem Wort »Gebet« gemeint. Wir brauchen einen anderen Prozessor. Wir können den Augenblick nicht richtig verarbeiten, wenn wir ihn nur beurteilen, analysieren, differenzieren. Wir müssen ihn nicht zu etwas Besonderem, ganz anderem machen. Wir müssen zunächst einmal alles so respektieren, wie es ist, bevor wir es im Kopf unseren Vorlieben und Abneigungen anpassen. Wie ein blanker Spiegel reflektieren wir es lediglich, ohne es mit unseren Urteilen zu verzerren.

Ich glaube, die Menschen in früheren Jahrhunderten, vor der Erfindung der Druckerpresse, vor der riesigen Produktivität der Worte, vielleicht noch in einer Agrargesellschaft, besaßen einen viel leichteren Zugang zum nichtdualen Denken. Heute flackern unsere Gehirne wie Stroboskoplampen. Wir haben keinen leichten Zugang mehr zum kontemplativen Denken. Es macht richtig Arbeit, den Spiegel blank zu putzen, und genau deshalb ist diese Arbeit so wichtig. Nur wenige haben gelernt, wie man sie tut.

Die katholische Kirche – und die Ostkirche sogar noch mehr – hat eine lange Tradition der Vermittlung von Kontemplation, aber heutzutage werde ich sehr häufig von Protestanten eingeladen. Weil sie wissen, dass sie nicht wissen. Sie wissen, dass Kontemplation in ihrer Geschichte oder Tradition nicht vorkam, dass sie zur Zeit der Reformation schon verloren gegangen war. Wir Katholiken stehen eher noch schlechter da: Wir glauben, weil wir das Wort »Kontemplation« kennen, wissen wir auch, wie es geht. Dabei haben selbst die sogenannten kontemplativen Ordensgemeinschaften aufgehört, ihre Mitglieder in Kontemplation zu unterweisen, und das war wirklich ein großer Verlust. Viele dieser Menschen müssen ein sehr frustriertes Leben geführt haben, auch wenn manche den Weg durch reine Gnade, durch Liebe und Leiden dann doch gefunden haben.[16]

Katholiken und Orthodoxe müssen ihre eigene Tradition dieses alternativen Bewusstseins wiederfinden. Allerdings sind die meisten Traditionalisten heutzutage ja alles andere als traditionsbewusst! Sie wissen selbst nur wenig über die Große Tradition, sobald sie über die letzten vier- oder fünfhundert Jahre zurückreicht. Normalerweise haben sie nur die letzten hundert Jahre im Blick, manche auch nur ihre eigene Lebenszeit. So geht es, wenn man sich in eine Gegenposition zu anderen begibt. Dann werden Wagenburgen um Äußerlichkeiten und Nichtigkeiten errichtet, und als Erstes kommt alles Innerliche unter die Räder. Alles, was das eigene Ego in Frage stellt.

Wir müssen erst einmal begreifen, dass wir diese kontemplative Tradition besitzen. Sie ist deutlich bei den Wüstenvätern und -müttern zu sehen, im keltischen Christentum, in der *Philokalie* der Ostkirche, bei Evagrius Ponticus und in der Geschichte aller alten Ordensgemeinschaften, die sie direkt oder indirekt lehrten (bei Dionysius, Johannes Cassian, im berühmten Kloster von St. Victor in Paris, bei Bonaventura und Francisco de Osuna). Die meisten unserer Mystiker verkörperten die kontemplative Tradition mehr, als dass sie wirklich in Worte fassen konnten, was mit ihnen geschah. Vielleicht haben wir diese Tradition auch deshalb verloren, und vielleicht ist deshalb eine gute theologische und spirituelle Unterweisung so wichtig.

Wir wissen, dass nichtduales Denken bis ins 11./12. Jahrhundert systematisch gelehrt wurde, vor allem von den Benediktinern und Zisterziensern. Die frühen Franziskaner profitierten noch von diesem älteren Verständnis, die rheinischen Dominikaner sind schöne Beispiele dafür, und die Karmeliten finden viel davon in ihrer Frühgeschichte auf dem Berg Karmel in Palästina. Die letzte Blüte, geradezu eine Supernova, waren Teresa von Ávila und Johannes vom Kreuz im 16. Jahrhundert, die Kontemplation wieder neu lehren mussten – und einen hohen Preis dafür zahlten.

Aber nach den Kämpfen der Reformation, nach der Überrationalisierung in der Aufklärung des 17./18. Jahrhunderts gingen wir in die Defensive und wollten beweisen, dass wir schlau waren und Streitgespräche siegreich beenden konnten. In solchen Gesprächen übernahmen wir ein wesentlich rationaleres Denken und verbrämten es mit frommen christlichen Begriffen. Unsere eigene Lehre wurde seitdem dualistisch, argumentativ und apologetisch vertreten. Dahinter stand kein nichtduales Bewusstsein mehr, sondern ein ganz und gar dualistisches Denken über die christliche Lehre! Bis zu den bitter notwendigen Reformen des Zweiten Vatikanischen Konzils in den 1960er Jahren wurden auch die meisten Priester so ausgebildet.

Heute, nach fast fünfhundert Jahren, in denen Kontemplation weder systematisch gelehrt noch wirklich verstanden wurde, müssen wir uns Schulen, Lehrer und Bücher suchen und eine Praxis entwickeln, die uns hilft, das alte Denken wieder zu verlernen. Die meisten von uns glauben, Kontemplative seien einfach nur introvertierte, ruhige Typen, die gern beten. Wir anderen, die extrovertierten Menschen der Tat, blieben außen vor. Aber wenn wir das kontemplative Denken kennenlernen, begreifen wir, dass dahinter eine natürliche Art des Sehens steckt – die wir einfach nur verlernt haben! Sehr natürlich, wie wir an Kindern bis zum Alter von sechs oder sieben Jahren sehen können, bevor sie anfangen, zu urteilen und zu analysieren und das eine Ding vom anderen zu unterscheiden.

Ich selbst habe Kontemplation zuerst *erlebt* und dann gelernt, wie man sie richtig bezeichnet oder auch nur erkennt. Manchmal hielt ich mich für naiv, für einen dummen Franziskaner, der seinen eigenen Intellekt nicht ernst genug nimmt. Aber es gab so viele kluge Leute in der Kirche, die einen ganz unspirituellen Eindruck machten – ich weiß gar nicht, wie ich es sonst nennen soll. Erst mit Thomas Merton kam die Kontemplation in vielen von uns zur

Blüte in den letzten fünfundzwanzig Jahren. Und indem ich von vielen Lehrern, von vielen Traditionen lernte, war ich irgendwann in der Lage, meine eigene Erfahrung in Worte zu fassen und zu verstehen. Wenn etwas so wahr ist, dann wissen Sie, dass es auch viele andere Menschen entdeckt haben müssen, selbst wenn sie es anders nennen oder andere Annahmen über das Ziel vertreten.

Ich glaube, viele Menschen kommen durch Leiden oder durch große Liebe zum kontemplativen Denken. Sie stellen auf einmal fest, dass sie nichtdual denken, ohne Gegensätze und ohne Widerstreit. Sie genießen den inneren Frieden Gottes. Sie begreifen, dass sie Gott, das Leben, sich selbst genießen können und nicht mit ihrem eigenen Kopf im Streit liegen müssen. Was für ein wunderbares Lebensumfeld! Lesen Sie es einmal im Philipperbrief (2,1–5) nach, wo das nichtduale Denken vollständig entfaltet wird. So kommt Paulus zu dem wunderbaren Hymnus der Verse 6 bis 11 und rät seinen Leuten dazu: »Seid untereinander gesinnt, wie es einem Leben in Christus Jesus angemessen ist« (2,5). Ich glaube, kontemplatives Denken ist das Denken Christi.

Im Evangelium geht es um alternatives Denken und Verhalten

Ich spreche oft von »alternativer Orthodoxie«, einem Begriff aus meiner franziskanischen Tradition, der sich daraus ergibt, dass wir mehr Wert auf die Lebensweise legen als auf die richtigen Worte. Franziskus wollte, dass wir das Evangelium *tun,* dass wir ein einfaches, liebevolles, freudvolles und gewaltloses Leben führen. Aber wir haben diese alternative Orthodoxie wohl deshalb verloren, weil wir unser alternatives Bewusstsein verloren haben! Wir lesen alles vor dem Hintergrund einer dualistischen Konformität mit einer Seite der Fragen und bleiben so immer in der Welt der Worte, statt unserer eigenen Erfahrung zu vertrauen. So verlieren wir den Bezug zur Praxis, zu dem, was einige von uns »Orthopraxie« nennen. Kontemplatives Denken versteckt sich aber nicht hinter Worten, sondern steht im unmittelbaren Kontakt mit der Wirklichkeit, ohne ideologische Analyse: mit Menschen, Ereignissen, *so wie sie sind.*

Alternatives Bewusstsein vollzieht sich im Wesentlichen in einem Loslassen des eigenen Bedürfnisses, Probleme zu lösen, Menschen zu korrigieren, mich selbst zu korrigieren oder den Augenblick zu korrigieren, weil er mir nicht gefällt. Wenn wir dieses Denken loslassen, wartet schon ein anderes, das ganz ruhig auf seinem Platz steht. Das meine ich mit alternativem Bewusstsein: eine neue Brille, durch die wir den Augenblick anschauen können. Aber wir können dieses alternative Bewusstsein nicht erleben, ohne das andere Bewusstsein loszulassen, wenigstens vorübergehend. Für viele Menschen, für die meisten, die ein Leben lang dualistisch gedacht haben, fühlt sich das an wie Sterben, wie Verlust, wie Kontrollverlust. Und deshalb haben unsere katholischen Mystiker immer von »Dunkelheit« gesprochen, vom »Wissen durch Dunkelheit«. Deshalb schreiten wohl auch so viele Leute nicht zu den höheren oder reiferen Stufen des Betens fort. Sie wollen Licht, nicht Dunkelheit. Sie wollen denken, und dabei geht es nun einmal hauptsächlich um den Kommentar im Kopf, um das Streitgespräch zwischen widersprüchlichen oder konkurrierenden Ideen. Aber wohlgemerkt: Ich habe gesagt, dass Sie das duale Denken wenigstens für eine Weile loslassen müssen. Irgendwann müssen Sie dorthin zurückkehren, um Ihre Alltagsarbeit zu erledigen. Aber selbst bei dieser Alltagsarbeit werden Sie danach weniger zwanghaft und getrieben sein.

Ich glaube, das Genie des Dalai Lama und des Buddhismus liegt darin, dass sie sich nicht in Metaphysik und Streitgesprächen über Dogmen und Doktrinen verlieren. Auf so etwas lassen sie sich nicht ein. Der Dalai Lama sagt: »Meine Religion, meine einzige Religion ist die Freundlichkeit.« Wir könnten das als allzu leichtgewichtiges Denken abtun, aber wir sollten uns daran erinnern, dass Jesus genau dasselbe gesagt hat: »Dies ist mein Gebot: Ihr sollt einander lieben.« Auch unsere Religion ist die Freundlichkeit – oder sollte es zumindest sein.

Der Dalai Lama sagt uns nichts, was wir nicht auf irgendeiner Ebene schon wüssten. Dasselbe wird von Mutter Teresa berichtet. Sie sagte einfache, kurze Sätze, und immer wieder gingen Leute danach weg, zitierten sie und sagten, sie hätte ihr Leben verändert. Kontemplation schenkt uns einen schlichten, klaren Blick, einen Glauben voll mit gesundem Menschenverstand und eine liebevolle Energie, die alles, was wir sagen, unwiderstehlich macht. Ironischerweise gestattet sie uns auch, komplizierte Themen mit derselben Schlichtheit und Geradlinigkeit anzugehen, wie wir es jetzt bei Papst Franziskus beobachten können.

Aber genau deshalb müssen wir Menschen begegnen, die als Beispiel, als Vorbild fungieren können. Im Osten hat man immer gewusst, dass die Vermittlung von Spiritualität sich durch lebendige Vorbilder vollzieht, die man dort Gurus nennt, Sannyasin, Pandits oder Avatare (in der ursprünglichen Bedeutung als körperliche Manifestationen eines Gottes). Katholiken und Orthodoxe sprechen in diesem Zusammenhang von Heiligen. Wir begreifen die Gute Nachricht nicht durch Konzepte, Ideen und Theorien. Wir müssen eine lebendige Inkarnation sehen und spüren. »Sie tut es, sie ist ein Beispiel dafür. Dann kann ich es auch.« Es ist vielleicht eher ein Geschmack, ein Duft, eine Berührung als eine Idee. Das Christentum der letzten Jahrhunderte hat sich viel zu viel auf Ideen verlassen statt auf lebendige Vorbilder. Selbstsichere Christen können Heiligkeit riechen, selbst wenn die Worte eher unorthodox klingen. Und sie können auch Unheiligkeit riechen, selbst bei Leuten, die alles ganz »richtig« machen.

Ich will damit sagen: Es kann auch andersherum funktionieren: Alternatives Verhalten hilft bei der Entwicklung eines alternativen Bewusstseins. *Wir denken uns nicht in eine neue Lebensweise hinein, sondern wir leben uns in eine neue Denkweise hinein.* Dieser Satz ist eines unserer Kernprinzipien in der *Living School of Action and Contemplation* in Albuquerque, New Mexico.

Interessanterweise waren in der Ostkirche die meisten Bischöfe und Lehrer und auch viele Priester zuerst Mönche. Leute wie Gregor von Nyssa, Gregor von Nazianz, Gregor Palamas, Basilius, Athanasius, Cyril und Evagrius Ponticus fallen mir ein. Mit anderen Worten: Erst nachdem sie ein solches Leben einigermaßen ernsthaft geführt hatten, erlangten sie auch die Autorität, darüber zu sprechen! Diese Wendung sollten wir in unserer Zeit ruhig wiederentdecken. Die meisten von uns werden heute geweiht oder ordiniert, ohne jemals einem anderen Menschen Glaube, Hoffnung und Liebe gebracht zu haben. Die richtigen Worte reichen vollkommen aus. Und wir haben es bis heute nicht geschafft, eine einzige Ausbildungsstätte gleich welcher Konfession dazu zu bringen, Kontemplation zu einem Schwerpunkt oder Lehrinhalt zu machen.

Jedes Mal, wenn sich die Kirche spaltete – zwischen Ost und West und dann wieder in der Reformation – haben wir einen Teil der Gesamtbotschaft verloren, jedenfalls sehe ich das so. Und in den folgenden Jahrhunderten mussten die vernachlässigten Teile des Evangeliums in vollkommen getrennten Konfessionen Gestalt annehmen. Gott sei Dank blieben bei ihnen einige Kostbarkeiten erhalten, aber einige ließen sie auch fallen. Ich denke dabei an die Mennoniten, die Quäker, die Amischen, Waldenser, Pfingstler, ja selbst an das *Recovery Movement* und Helen Schucmans *Kurs in Wundern*. In den beiden letztgenannten Bewegungen wurde nicht zuletzt die Notwendigkeit von Vergebung und Heilung bewahrt. Ich frage mich, ob irgendeine Konfession jemals in der Lage sein wird, alle Aspekte des Denkens Christi zu bewahren. Vielleicht kann der Mensch seine Aufmerksamkeit immer nur auf ein paar ausgewählte Dinge richten.

Wann immer Sie eine Bewegung hin zu Einsamkeit, Einsiedlertum, Stille oder irgendeiner Form des Alleinseins beobachten, wissen Sie, dass sich da das nichtduale, kontemplative Bewusstsein rührt. Wir können nicht Tage, Wochen oder gar Monate allein verbringen, ohne dass sich unser Denken ändert. Der dualistische Geist wird wütend und verrückt, er langweilt sich bei so viel Schweigen und

Einsamkeit. Der nichtduale Geist kann gar nicht genug davon bekommen. Wann immer Sie feststellen, dass es wieder Eremiten oder Anachoreten gibt, dass es in den Ordensgemeinschaften zu Abspaltungen kommt, die sich um die Frage drehen, wie man beten soll, dann wissen Sie, dass das nichtduale Bewusstsein wiederentdeckt worden ist. Dieses Muster finden wir vor allem bei den Benediktinern, Karmeliten, Augustinern und Franziskanern. Es steht hinter jedem Bruch und jeder Reform in diesen Orden, obwohl in all diesen Gruppen die innere Armut der Kontemplation manchmal mit Auseinandersetzungen um äußere Armut verwechselt wurde: beschuht oder unbeschuht, die Frage der Fastengebote und so weiter. Dieser Fehler kommt häufig vor.

Im Spanien des 16. Jahrhunderts führte ein eher unbekannter Franziskaner, der spirituelle Lehrer Francisco de Osuna, Teresa von Ávila auf den Weg der Kontemplation. Sie nannte ihn ihren »größten Lehrer« und sagte, bevor sie ihn gefunden habe, habe das innere Gebet, wie man es damals nannte, sie ganz verrückt gemacht, weil sie wusste, sie konnte dieses zwanghafte, sich besessen kreiselnde Ding namens Denken nicht abstellen. Als ich 1961 Novize war, wurde es immer noch inneres Beten genannt, aber inzwischen ging es im Wesentlichen um Konzentration, und das funktioniert natürlich nicht. Die meisten von uns gaben das Beten sehr bald auf, ohne es überhaupt zu merken. Ich bin heute noch überrascht, dass nicht mehr von uns auch das Ordensleben aufgaben.

Unser Vater Franziskus weist alle Anzeichen eines großen Kontemplativen auf. Selbst die Franziskaner der ersten Generation, die ihn liebten, wussten – wie beispielsweise Bruder Elias – nicht, was sie mit ihm anfangen sollten. Franziskus kam ihnen in ihrem dualistischen Denken furchtbar schlicht und naiv vor. Aber es gab trotzdem einen inneren Kreis von Brüdern, die ihn in die Carceri und Eremitagen begleiteten, um ihm den nötigen Schutz zu geben. Vermutlich handelte es sich um die Brüder Leo, Giles, Masseo und Rufino; vielleicht war auch Juniperus dabei.

Dann folgten die intellektuellen Meister wie Bonaventura und Duns Scotus, denen es gelang, sich die Schlichtheit zu bewahren und dem kontemplativen Denken trotzdem ein gewisses Maß an intellektueller Schärfe zu geben. In ihnen finden wir das Beste aus beiden Welten, jedenfalls für die Gebildeten. Kapitel sieben in Bonaventuras *Der Pilgerweg des Menschen zu Gott (Itinerarium Mentis ad Deum)* ist eine sehr prägnante Zusammenfassung dessen, was wir heute *Gebet der Sammlung* oder kontemplatives Denken nennen. Wir haben all das in unserer Tradition, auch wenn es in den letzten vierhundert Jahren verschüttet wurde. Die meisten entdeckten es durch Gnade und Zufall, und Gott sei Dank gibt es – in der Regel stille und verborgene – Beispiele für diese Art von Erleuchtung in jeder Gemeinschaft, mit der ich bisher gearbeitet habe.

Nach der großen sogenannten Aufklärung des 17./18. Jahrhunderts gab es keinen Platz für Kontemplation, weil man damit wirklich naiv wirkte, als wäre man ein unkritischer Denker, ein frommer Laienbruder. Das gemeinsame Gebet im Gottesdienst und in der Liturgie hielt die Katholiken und Ordensleute in ihren Gruppen zusammen; unglücklicherweise wurde es oft zu einem Ersatz, ja, zu einer Vermeidungsstrategie für ein echtes inneres Leben. Die tägliche Messe war unser Gebet, sie wurde sentimentalisiert und ausgeschmückt und geriet oft zum großen Schauspiel, das uns ein Pseudogefühl von Gemeinschaft, Nähe und Geheimnis gab. All das hat die Kontemplation ebenfalls in hohem Maße zu bieten, aber auf eine tiefgehende, authentische, dauerhafte Weise.

Anhang

Zur Geschichte der Mystik

2500 v. Chr. – Erstes Auftauchen der Vorstellung einer von Liebe geprägten persönlichen Beziehung zu Gott: Indien, Ägypten, Owen Barfields »ursprüngliche Teilhabe«

2000–1200 v. Chr. – Abraham, Jakob und Elia in Israel, früher Hinduismus

500 v. Chr. – »Achsenzeit« (vgl. Karl Jaspers); Entstehung des Buddhismus; Sokrates in Griechenland; Platon; die Upanishaden in Indien

200 v. Chr. – Patañjali; Yoga-Sutras in Indien; Apokalyptische Vorstellungen im Judentum; Psalmen; das Hohelied Salomos

30 v. Chr. – Philo von Alexandrien, ein Jude in der Diaspora

1. Jahrhundert – Jesus von Nazaret, der erste nichtduale Lehrer des Westens; Briefe des Paulus; Johannesevangelium; »gegenwärtige und letzte Teilhabe« wird verheißen und in Beispielen verdeutlicht, zur Begeisterung der westlichen Zivilisation.

2. Jahrhundert – Clemens von Alexandria verwendet als Erster das Wort *mysticus* – verborgen.

3. Jahrhundert – Origenes (Kirchenvater) und Plotinus (römischer Philosoph)

4. Jahrhundert – Basilius und mehrere Lehrer namens Gregor in der heutigen Türkei; Evagrius Ponticus; Augustinus; Johannes Cassian; Makarios der Große; Wüstenväter und -mütter in Ägypten, Syrien, Kappadozien/Kleinasien und Palästina; trinitarisches Denken wird möglich und hoch geschätzt (das »Prinzip der Drei« erlaubt und lehrt nichtduales Denken).

6. Jahrhundert – Benedikt von Nursia (Organisation des Möglichen); Pseudo-Dionysius (der apophatische Weg); Gregor der Große; Buddhismus, Lao-Tse und Taoismus (Tao Te King) in China

7. JAHRHUNDERT – Johannes Climacus und Maximus der Bekenner: der *Hesychasmus* verleiht dem orthodoxen Christentum eine starke mystische Basis; Theosis und Vergöttlichung; Zen-Buddhismus in Japan; tibetischer Buddhismus

8. JAHRHUNDERT – Rabia (Muslima im Irak); Sankara in Indien

9. JAHRHUNDERT – Wenig Bewegung im westlichen Christentum, das mit dem römischen Reich auszusterben scheint; gleichzeitig beginnen aber keltische Mönche außerhalb des Reiches mit einer Neu-Evangelisation des Kontinents.

10. JAHRHUNDERT – Simeon, der neue Theologe in der Ostkirche

12. JAHRHUNDERT – Hugues und Richard de St. Victor, Aeled von Rielvaux, Bernhard von Clairvaux, Hildegard von Bingen, Guillaume de St. Thierry (alles Ordensleute)

13. JAHRHUNDERT – Explosion der Mystik: Franziskus und Clara, Rumi, Meister Eckhart, die Beginen und Begarden, Bonaventura, Gertrud von Helfta, Mechthild von Magdeburg, Hadewijch, Giles von Assisi, Angela von Fo-

ligno, Raymond Lull, Richard Rolle; zahlreiche franziskanische Einsiedler; die deutschen Dominikaner Henri Suso und Johannes Tauler; der Sufi-Meister Ibn' Arabi

14. JAHRHUNDERT – Jan Ruysbroeck, Gregor Palamas, Hafiz; die Wolke des Nichtwissens; Juliana von Norwich, Katharina von Siena, Katharina von Genua, Walter Hilton, Thomas von Kempen

15. JAHRHUNDERT – Nikolaus von Kues (Koinzidenz: Zusammenfallen der Gegensätze); Francisco de Osuna, Kabir (Heiliger sowohl im Hinduismus als auch im Sufismus), Nikolaus von der Flüe

16. JAHRHUNDERT – Die letzte Supernova! Ignatius von Loyola, Teresa von Ávila, Johannes vom Kreuz, Franz von Sales, Jacob Boehme, Erasmus von Rotterdam. Der Großteil der Reformation ist jedoch aus einem extrem dualistischen Bewusstsein geboren.

17. JAHRHUNDERT – Krise und Niedergang: Süßliche Frömmigkeit oder Vernunft als Ersatz für Kontemplation; Aufklärung präsentiert sich als vollkommener Triumph des dualen Denkens; die Wüste der Nicht-Teilhabe beginnt, so Owen Barfield. Trotzdem haben wir Bruder Lawrence, George Fox, Blaise Pascal und viele Mystikerinnen, die nie

bekannt wurden, eben weil sie Frauen waren und deshalb nicht ernst genommen wurden oder nicht lesen und schreiben lernen durften.

18. Jahrhundert – Jean Pierre de Caussade, Baal-Shem-Tov, John Wesley, Seraphim von Sarov, Emmanuel Swedenborg; chassidisches Judentum; William Blake

19. Jahrhundert – Thérèse von Lisieux, Charles de Foucauld; Henry David Thoreau und William Wordsworth als Naturmystiker

20./21. Jahrhundert – Wiederentdeckung der Teilhabe: Friedrich von Hugel, Gandhi, Evelyn Underhill, Thomas Kelly, Howard Thurman, Suzuki, Bede Griffiths, Rainer Maria Rilke, Elisabeth von der Dreifaltigkeit, Martin Luther King, Alan Watts, Simone Weil, Thomas Merton, Thich Nhat Hanh, Rinzai Zen, Martin Buber, Etty Hillesum, Dag Hammarskjöld, Anthony de Mello, Ken Wilber, Gerald May, Ramama Maharshi, Teilhard de Chardin, Hugo Enomiya-Lassalle, Abraham Heschel, Rabindranath Tagore, Ruth Barrows, John Main, Eckhart Tolle, Bernadette Roberts, Paramahansa Yogananada; verschiedene Rinpoches und Gurus; Henri Le Saux, Karl Rahner, Helen Keller, Mutter Teresa, der Dalai Lama. Zugegeben: Diese Liste ist anfechtbar und unvollständig;

der eine oder andere wird sie hier und da als mangelhaft empfinden. Wie auch immer: Zum ersten Mal gibt es eine breitere Schnittstelle zwischen Ost und West, den beiden »Hemisphären des Leibes Christi«: eine Wiederentdeckung des nichtdualen Denkens, Handelns, der Versöhnung und Grenzüberschreitung und des Brückenbaus – auf der Grundlage einer inneren Gotteserfahrung.

Möglicherweise erleben wir hier eine zweite Achsenzeit. Ja, einiges ist noch unreif, manches synkretistisch, schlecht begründet und nicht ausreichend integriert, aber Schritte zur Reife sind immer und notwendigerweise unreif. Der Heilige Geist bringt nach wie vor Bewusstsein hervor und lehrt uns zu beten.

Anmerkungen

1 Erklärung *Nostra Aetate* über das Verhältnis der Kirche zu den nichtchristlichen Religionen. (www.vatican.va/archive/hist_councils/ii_vatican_council/documents/vat-ii_decl_19651028_nostra-aetate_ge.html), 1,2.

2 Ebd.

3 Augustinus von Hippo: *Retractationes* 1,13.3.

4 Dekret *Optatam Totius* über die Ausbildung der Priester. (www.vatican.va/archive/hist_councils/ii_vatican_council/documents/vat-ii_decree_19651028_optatam-totius_ge.html), 15.

5 Aldous Huxley: *Die ewige Philosophie.* Freiburg 2008.

6 Juliana von Norwich: *Offenbarungen der göttlichen Liebe,* Kapitel 9.

7 Ebd., Kapitel 65.

8 Ebd., Kapitel 51.

9 Vgl. Richard Rohr: *Pure Präsenz.* München 2010, Kapitel 16.

10 Vgl. Cynthia Bourgeault: *The Shape of God* – Gespräch über die Dreieinigkeit zwischen Cynthia Bourgeault und Richard Rohr, O.F.M.

11 Karl Rahner: »Der dreifaltige Gott als transzendenter Urgrund der Heilsgeschichte«, in: *Mysterium Salutis 2,* Einsiedeln 1967, S. 319f.

12 Richard Rohr: *Pure Präsenz.* München 2010, Kapitel 2, S. 27ff.

13 Vgl. Richard Rohr: *Reifes Leben.* Freiburg 2013, Kapitel 3.

14 Richard Rohr u.a.: *What is the Emerging Church,* Tonaufnahme, Center for Action and Contemplation.

15 Vgl. Richard Rohr: *Pure Präsenz.* München 2010, Kapitel 2–6.

16 Vgl. Richard Rohr: *Pure Präsenz.* München 2010, Kapitel 16.

Quellenhinweise

Einleitung

Auszüge aus: Richard Rohr: *Oneing: An Alternative Orthodoxy*, vol.1, no. 1, »Introduction«.

Kapitel 1

Auszüge aus: Richard Rohr: *Finding God in the Depths of Silence,* Vortrag auf dem *Festival of Faiths,* Actors Theater of Louisville, Kentucky, 15. Mai 2013.

Kapitel 2

Auszüge aus: Richard Rohr und andere: *Sacred Silence: Pathway to Compassion,* Vortrag auf dem *Festival of Faiths,* Galt House, Louisville, Kentucky, 18. Mai 2013.

Kapitel 3

Auszüge aus einem Vortrag von Richard Rohr beim *Festival of Faiths,* 19. Mai 2013. Anschließend an die einleitenden Bemerkungen von Pater Rohr und anderen hielt der Dalai Lama einen Vortrag über Schweigen und Mitgefühl (Yum Center, Louisville, Kentucky). Der Vortrag von Richard Rohr wurde vorab mit dem Komitee des Dalai Lama abgestimmt und gilt als authentischer Beitrag aus dem Blickwinkel christlicher Tradition, dem sich andere Glaubensrichtungen jedoch gut anschließen können.

Kapitel 4

Auszüge aus einem Interview mit Richard Rohr in Mark Lombards Zeitschrift *St. Anthony Messenger* vom Oktober 2012, unmittelbar nach einer Konferenz in Santa Fe, New Mexico unter der Leitung von Richard Rohr zum Thema: *Franciscan Mysticism: I Am That Which I Am Seeking.*

Kapitel 5

Auszüge aus einem Interview mit Richard Rohr von Susan Hines-Brigger für die Zeitschrift *St. Anthony Messenger* während des *Festival of Faiths* im Mai 2013.

Zeitleiste im Anhang

Vorgestellt von Richard Rohr bei der Konferenz *Following the Mystics Through the Narrow Gate … Seeing God in All Things* im Januar 2010.

Bibelstellenverzeichnis

Zum Autor

© Franciscan Media

Richard Rohr, geb. 1943, Franziskanerpater, Gründer des »Zentrums für Aktion und Kontemplation« in New Mexico/USA, gehört zu den international bekannten und gefragten Vertretern einer zeitgenössischen christlichen Spiritualität. Seine Bücher sind weltweite Erfolge und wurden oft zu entscheidenden Inspirationen für gegenwärtige spirituelle Suchbewegungen.

Im Verlag Herder sind von Richard Rohr unter anderem erschienen: »Weitergehen. Inspirationen für jeden Tag« (2014), »Ins Herz geschrieben. Die Weisheit der Bibel als spiritueller Weg« (2014), »Das Wahre Selbst. Werden, wer wir wirklich sind« (2013), »Zwölf Schritte der Heilung. Spiritualität und Gesundheit« (2013), »Reifes Leben. Eine spirituelle Reise« (2. Auflage 2013), »Ins Herz geschrieben. Die Weisheit der Bibel als spiritueller Weg« (3. Auflage 2012), »Hoffnung und Achtsamkeit. Der spirituelle Weg für das 21. Jahrhundert« (2011), »Auf dem Weg nach Weihnachten. Ein Begleiter durch die Adventszeit« (Taschenbuchausgabe 2013).